W0178538

mit kindern leben

HERAUSGEGEBEN VON BERNHARD SCHÖN
UND BERND GOTTWALD

ZU DIESEM BUCH

Entspannung hilft beim Abbau von Ängsten und
Stress, gegen Schlafstörungen und bei fehlender
Konzentration. Diese Symptome nehmen bei
Kindern immer noch zu. Das Buch von Sabine
Friedrich und Dr. Volker Friebel hat als erstes
populäres Elternbuch Entspannungsverfahren
für Kinder im Kindergarten- und Schulalter
vorgestellt. Es ist mit seiner Mischung aus Informationen, einem «Entspannungskurs in zwölf
Stunden» und den Entspannungsgeschichten
und Phantasiereisen zum Klassiker und Bestseller
geworden.
Jetzt liegt es völlig neu vor, mit noch mehr Informationen, in besserer Ausstattung und mit einer
Audio-Entspannungs-CD.

Dr. Volker Friebel
Sabine Friedrich

Entspannung für Kinder

Stress abbauen • Konzentration
fördern • mit Entspannungskurs
mit Audio-CD

Rowohlt Taschenbuch Verlag

rororo Mit Kindern leben
und

die **Deutsche Liga**
für das Kind

Partnerschaft für Eltern, Kinder und Familie

2. Auflage Juni 2004

Originalausgabe
Veröffentlicht im Rowohlt Taschenbuch Verlag,
Reinbek bei Hamburg, September 2002
Copyright © 2002 by Rowohlt Taschenbuch Verlag
GmbH, Reinbek bei Hamburg
Redaktion Bernhard Schön
Umschlaggestaltung any.way, Barbara Hanke/
Cordula Schmidt
Fotografie (Titel) Picture Press/F. Bokelberg,
(Rückseite und Innenteil) Heidi Klinner-Krautwald, Kiel
Illustrationen Penara Mile
Reihengestaltung Christine Lohmann
Satz Photina und Meta PostScript
Gesamtherstellung Clausen & Bosse, Leck
Printed in Germany
ISBN 3 499 61700 5

Der Käfer, nun
an der Spitze des Grashalms:
die Flügel breiten...

(Volker Friebel schreibt zu diesem Haiku:
Wenn gar nichts mehr geht, wenn das Äußerste erreicht
und kein Weg mehr offen zu sein scheint, vielleicht entdecken
wir dann etwas Überraschendes ...)

Inhalt

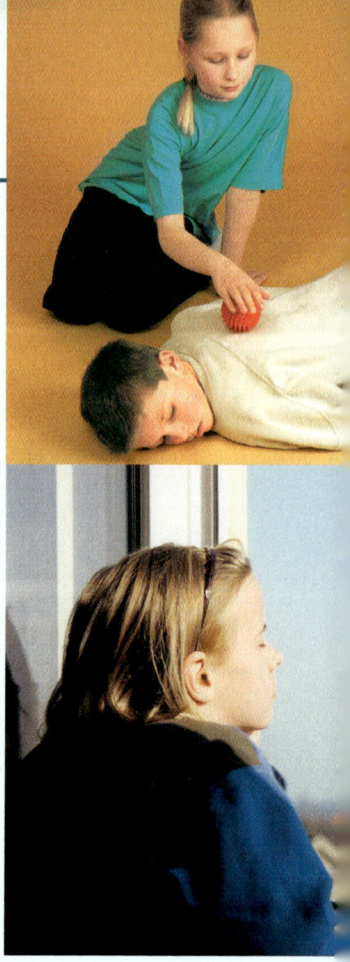

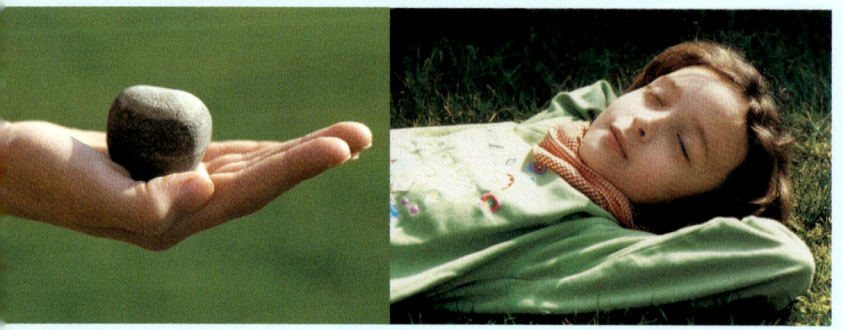

Vorwort

Das Buch stellt verschiedene Entspannungsweisen für Kinder vor, wir entdecken mit ihnen Inseln im «Meer der Stürme». Schon für sich genommen tut ein solcher Entspannungsurlaub gut und gibt wieder Kraft. Auf manchen dieser Inseln finden die Kinder außerdem Dinge, die sie mit hineinnehmen können in ihren Alltag, die ihnen helfen, selbständig etwas gegen Stress, Anspannung und deren Folgeprobleme zu tun. Und die sie ermutigen, selbst in ihrem Alltag solche Inseln zu entdecken und auch die Sonne, die viele Probleme einfach auflöst, wie Nebel über dem Wasser.

Entspannung für Kinder hat weite Verbreitung gefunden, auch im Kindergarten und in der Schule. Wie aber lässt sich Entspannung zu Hause vermitteln? Wir haben zusammengestellt, wie Eltern ohne viel Hintergrundwissen sich und ihren Kindern Gutes tun können. Der erste Buchteil handelt davon. Im zweiten beschreiben wir einen «professionellen» Entspannungskurs auf der Grundlage des Autogenen Trainings in einer Erziehungsberatungsstelle. Auch hiervon können Eltern einiges für zu Hause übernehmen. Und wer beruflich mit Kindern umgeht, wird bereits im ersten Teil viele Anregungen erhalten. In diese beiden ersten Teile sind schon verschiedene Materialien eingebettet, der dritte und der vierte Buchteil enthalten zusätzlich noch Sammlungen mit Phantasiereisen und Entspannungsgeschichten.

Wir haben eine erste Fassung dieses Buches 1989 veröffentlicht. Seither hat sich so viel getan, sind so viele neue Möglichkeiten zur Entspannung für Kinder hinzugekommen, dass wir es nun, nach der 14. Auflage, nicht mehr bei einer bloßen kosmetischen Bearbeitung belassen wollten. Die besten der alten, inzwischen weit verbreiteten Entspannungsgeschichten haben wir übernommen. Die Darstellung des «professionellen» Entspannungskurses wurde den seitherigen Entwicklungen angepasst. Die meisten Inhalte aber, so das ganze erste Kapitel zur Entspannung auf der Hummelwiese, sind ganz neu, und auch die beigelegte CD. Wir wünschen Ihnen viel Freude damit!

Sabine Friedrich & Dr. Volker Friebel

Kapitel 1 | *Entspannung auf der Hummelwiese*

Gespräch beim Kaffee

«Gestern konnte ich nicht kommen, da hab ich Annika zu einem Entspannungskurs angemeldet», erzählt Christiane Heyne ihrer Freundin beim Kaffee. «Oh», sagt die überrascht. «Autogenes Training», bestätigt Christiane. «So kann das mit Annika nicht weitergehen. Schon Kleinigkeiten bringen sie völlig aus der Fassung. Und wenn eine wichtige Klassenarbeit ansteht, kann sie die halbe Nacht vorher nicht schlafen. Außerdem jammert sie oft schon beim Frühstück über Bauchweh und isst fast gar nichts. – Dabei sind wir doch gar nicht streng und machen auch kein Theater, wenn sie mal eine schlechte Note heimbringt. Ich versteh das einfach nicht! Ich glaube, den Stress macht sie sich selbst – und kommt nicht mehr herunter. Irgendetwas muss jedenfalls geschehen.»

«Über Annikas Schlafprobleme und das ständige Bauchweh hast du ja schon erzählt ...», meint Freundin Barbara.

«Wir waren auch schon zweimal beim Arzt», berichtet Christiane. «Beim letzten Mal hat er gesagt, wenn es mit dem Baldrian auch nicht besser wird, verschreibt er ihr Schlafmittel. Bei dem Gedanken ist mir gar

nicht wohl. Es wird doch immer wieder davor gewarnt, schon Kinder mit allen möglichen Mitteln voll zu stopfen. Natürlich, gewarnt wird vor *unnötigem* Tablettengebrauch ...»

«Die Ursachen beseitigst du mit Tabletten nicht», meint Barbara, «die sind weiterhin da. Und Kinder können doch nicht dauernd Tabletten nehmen.»

«Ich glaube, das hängt alles mit Annikas übergroßer Anspannung zusammen», sagt Christiane und bläst über ihren Kaffee. «Ihre Lehrerin meint ja auch, dass Annika sich mit ihrer Nervosität und dem Konzentrationsmangel selbst im Weg steht. – Der Kurs beginnt aber erst in drei Wochen, und leider, diese Kurse gehen erst ab acht Jahren.»

«Annika ist neun», meint Barbara.

«Aber wenn Annika in einen Kurs geht, wollte ich eigentlich auch für Markus so etwas haben», sagt Christiane. «Angespannt ist er eigentlich nicht – aber doch sehr zappelig und unkonzentriert. Sicher, er geht noch nicht in die Schule, da macht es nicht so viel aus, aber ...»

«Als ich noch im Kindergarten gearbeitet hab», unterbricht Barbara sie, «haben wir auch verschiedene

Entspannungsmethoden mit den Kindern durchgeführt. Autogenes Training nicht – aber Phantasiereisen, Stillemomente, meditative Tänze, jede Menge, was es so gibt.»

«Ach», Christiane vergisst ihr Kuchenstück, «du kennst dich da aus?»

«Sabrina, meine damalige Kollegin, hat ihre Zulassungsarbeit über Entspannung im Kindergarten gemacht, da haben wir einiges mit den Kindern zusammen ausprobiert.»

«Und, meinst du, so etwas wäre für Markus gut, Stillemomente und Phantasiereisen?»

«Wir haben im Kindergarten Entspannung wegen der Unruhe gemacht und mit *allen* Kindern, nicht weil einzelne Kinder bestimmte Probleme hatten. Über einige Zeit gesehen hatte ich schon den Eindruck, dass es den Kindern gut getan hat – und gerade den besonders unruhigen Kindern, bei denen wir zuerst gedacht haben: ‹Na, das wird doch nichts.› Aber das Bauchweh von Annika hat sicher etwas mit Angst oder Stress zu tun, und dagegen ist Entspannung schon gut. – Weißt du was?» Barbara bekommt so ein Funkeln in den Augen. «Bis der Kurs beginnt, können wir doch mit den Kindern was zur Entspannung machen! Immer vor dem Kaffee und bevor die sich ins Kinderzimmer verziehen. Annika und Markus haben was davon und meine beiden Racker bestimmt auch.» Barbara lacht: «Im Kindergarten war es manchmal schon anstrengend – aber viele Sachen von damals fehlen mir doch. Das würde mir Spaß machen!»

«Gut», lächelt Christiane. «Vor dem nächsten Kaffee, da bin ich gespannt!»

Was ist Entspannung?

Die Kaffeestunde von Christiane Heyne und Freundin Barbara ist auch für die Kinder eine gute Sache, sie verziehen sich dann immer ins große Kinderzimmer von Annika oder in den Garten zum Spielen. Heute aber wartet alles *ge*spannt, was sich Freundin Barbara ausgedacht hat zur «*Ent*spannung».

Als diese sich so umlagert sieht, muss sie lachen. «Was ist denn heute los?», fragt sie.

«Heute ist doch ‹Entspannung›, hast du gesagt», meint Annika.

«Was, glaubt ihr, ist Entspannung überhaupt?», fragt Barbara in die Runde. «Keine Ahnung», sagt Markus. «Wenn du schläfst», behauptet Tobias, ihr Ältester. «Wenn du zwei Meter über dem Boden schwebst», weiß Annika. «Wenn man ganz ruhig wird und trotzdem konzentriert ist», meint Christiane. «Wenn du die Füße gekreuzt aufeinander legst und immer ganz tief atmest», versucht es Barbaras Tochter Anne. «Und so vor dich hin brummst wie die Hummel, die wir auf dem Herweg gesehen haben», sagt sie dann.

Barbara lächelt. «Da war schon einiges dabei. Wenn wir schlafen, sind wir meistens sehr entspannt. Manchmal schlafen auch Leute bei der Entspannung ein, und das kommt eben daher, dass Schlafen und Entspannung zusammenhängen. Aber Entspannen ist nicht einfach Schlafen.

Annika, du machst doch im Schulsport Hochsprung und hast schon zweimal Medaillen gewonnen», fährt Barbara fort. «Im Fernsehen, wenn dort Leichtathletik gezeigt wird, hast du sicher schon gesehen, dass die Hochspringer nicht einfach losrennen und über die Stange springen.»

«Das hat mich schon gewundert, wie lange die warten, bis sie endlich mal springen», sagt Annika.

Konzentration und Entspannung: Das kennt jeder Sportler

«Die warten nicht einfach», sagt Barbara. «Die entspannen sich. Und die konzentrieren sich. Gleichzeitig. Weil sie für den Sprung nämlich beides brauchen. Die Ruhe – ohne Ruhe dabei klappt alles nur halb so gut. Und die Konzentration. Die machen eine Entspannungsübung und stellen sich ihren Sprung vor. Jeden Schritt, *innen*, in ihrem Kopf. Die springen erst ein paar Mal in ihrem Kopf und ganz aus der Entspannung heraus – und dann erst wirklich im Stadion. Wenn Entspannung einfach bloß Schlafen wäre, würde sie den Sportlern nichts bringen. Die *Ruhe* hat Entspannung mit dem Schlafen gemein, aber sie ist noch mehr, nämlich Konzentration. Und deshalb machen gerade Menschen, die sehr konzentriert sein müssen, die ihre Sache sehr gut machen wollen, Entspannung.»

«Nicht, weil sie schlecht sind?», fragt Annika und verrät dabei einiges über ihre gemischten Gefühle hinsichtlich des Entspannungskurses.

«Weil sie gut sind – und noch besser sein wollen», nickt Barbara.

«Aber das mit den gekreuzten Beinen, das hat mit Sport dann doch gar nichts zu tun?», fragt Christiane.

«Jens macht das», sagt überraschend Markus. «Der hat es schon in der Schule gezeigt.»

Barbara schüttelt verwundert den Kopf.

«Doch», sagt Annika. «Jens ist beim Fechten. Und bevor sie anfangen, machen sie immer so etwas mit Beinekreuzen und Summen und Atmen – so hat er es uns mal erzählt und gezeigt.»

«Summen wie die Hummeln eben, wie ich gesagt hab!», wirft Anne ein.

«Oh», meint Barbara, «das ist wohl eine Form der Meditation. Bei der Meditation kann es auch um Kraft gehen, um innere Kraft. Und um Konzentration.

Auch Skifahrer sieht man manchmal, wenn so ein Sturz war und alles warten muss und die Kamera nicht weiß, was sie zeigen soll. Dann zeigt sie ab und zu etwas Interessantes: Wie ein Skifahrer einfach so dasteht, die Augen geschlossen hat und die Beine komisch bewegt – der fährt in seinen Gedanken den Hang hinunter, jede einzelne Kurve stellt er sich vor, wie er hinunterbraust, aus der Ruhe und mit der Konzentration. Da muss er nicht die Beine kreuzen, er muss sich auch nicht hinlegen. In jeder Körperhaltung sollte man sich entspannen können. In manchen aber geht es ein bisschen besser oder lernt es sich leichter.»

«Im Liegen», sagt Markus.

Barbara nickt.

«Zwei Meter über dem Boden», ergänzt Annika. Alle müssen lachen.

«Manche Leute fühlen sich so, als würden sie schweben», sagt Barbara. «Wenn sie ganz entspannt sind. Das kann sogar unangenehm sein.»

«Wenn sie runterplumpsen», meint Markus. Wieder lachen die anderen.

«Aber hilft das denn auch?», fragt Christiane. «Ich kann mir natürlich vorstellen, wie ich einen Skihang hinunterbrause, ganz ruhig und konzentriert. Geht es dann nachher aber tatsächlich besser?»

«Die Hummel findet bestimmt

mehr Nektar, wenn sie so schön brummt», behauptet Markus.

«Ja», sagt Barbara. «Das hat man in Versuchen tatsächlich herausgefunden. Wenn ich mir vorstelle, ruhig und konzentriert zu sein, und ich bin darin einigermaßen geübt, dann wird auch mein Körper ruhig und konzentriert. Und wenn er das wird, dann geht vieles, sehr vieles ganz einfach besser. Denn was wir denken, das hat einen Einfluss auf uns.»

«Oh, dann brauch ich mir nur noch vorzustellen, eine gute Note im Mathetest zu schreiben», meint Tobias.

Barbara lacht. «Wenn du Mathe gelernt hast, dann nützt das tatsächlich etwas. Wenn du nicht gelernt hast, dann nützt es nichts. Denn durch Entspannen, durch Ruhe und Konzentration, kannst du nur verbessern, was du im Grunde genommen schon kannst. Wenn du etwas nicht kannst, dann nützt dir auch Entspannung nicht viel. Kein Mensch kann fliegen. Wenn du dir nun vorstellst zu fliegen – plumps! Aber wenn du für die Schule gelernt hast, dann hilft dir Entspannung, dann helfen dir Ruhe und Kraft, das Gelernte besser aufs Papier zu bringen.»

«Wie funktioniert das?», fragt Christiane.

«Das weiß wohl niemand so recht», behauptet Barbara. «Aber dass es funktioniert, dass Gedanken und Vorstellungen wirklich einen Einfluss auf unseren Körper haben, das kann ich dir immer beweisen. – Dazu gibt es ein schönes Spiel», sagt sie. «Schließt mal eure Augen.» Die anderen schließen die Augen, und Barbara spricht weiter. «Stell sich jeder vor, dass vor ihm ein Tisch steht, auf dem eine Zitrone liegt. – Und ein Messer. – Nun nimm das Messer und schneide die Zitrone in zwei Hälften. – Nun nimm eine der Hälften und führe sie zum Mund. – Nun beiß herzhaft in die Zitrone hinein. – Das war's!»

Alle öffnen die Augen. «Bäh», meinen die Kinder. «Seht ihr?» Barbara nickt. «Das ist die Kraft der Vorstellung. Ihr stellt euch vor, in eine Zitrone zu beißen, und da fließt der Speichel, da bekommt ihr einen sauren Geschmack, da werden auch jede Menge Enzyme und was weiß ich alles im Körper ausgeschüttet – der Körper reagiert auf eure Gedanken, *obwohl ihr doch genau wisst, dass gar keine Zitrone da ist*! Und so reagiert der Körper auch auf alles andere, was ihr ihm sagt, was ihr ihm zuflüstert. Ihr könnt ihm Schlechtes zuflüstern, das machen wir häufig – oder Gutes. Ihr könnt ihm zuflüstern, ruhig und entspannt zu sein und konzentriert. – Und so etwas machen wir in der Entspannung.»

«Aber nicht mehr heute», meint Christiane.

«Wisst ihr was?», sagt Barbara.

«Ich lese euch jetzt noch eine Geschichte vor, ihr dürft euch in euren
Decken so richtig dazu einkuscheln,
und mit den Stillemomenten beginnen wir das nächste Mal.»

«Auf unserer Hummelwiese», sagt
Markus.

«Auf unserer Hummelwiese»,
bestätigt Barbara. Dann nimmt sie ihr
Buch und sucht eine Geschichte.

Was ist Entspannung?

- Das vegetative Nervensystem steuert die Ausrichtung unseres
  Körpers mehr auf Tätigkeit oder mehr auf Ruhe und Erholung
  hin. Beides ist wertvoll und wichtig, Stress und Entspannung.
  Wenn durch äußere oder innere Umstände längerfristig ein
  Ungleichgewicht zuungunsten der Erholungsphasen auftritt,
  kann «professionelle» Entspannung helfen.
- Kinder haben in der Regel weniger Schwierigkeiten zu entspannen als Erwachsene, das ist durch eine Vielzahl von Studien
  nachgewiesen. Aber Kinder lassen sich mehr von äußeren
  Umständen oder von ihren Impulsen leiten. Erwachsenen hilft
  Entspannung, Daueranspannung zu unterbrechen. Kinder
  lernen, Entspannung überhaupt als etwas Wertvolles anzusehen
  und sich mit Entspannung etwas vom Trubel abzusetzen, der sie
  umgibt, sowie die eigenen Impulse besser unter Kontrolle zu
  bekommen.
- Heute werden viele Entspannungsmethoden angeboten. Bei fast
  allen geht es nicht allein um Entspannung, sondern um die
  Verbindung von Entspannung und Konzentration. Bei manchen
  sind Beschränkungen des Alters oder der Gruppengröße zu
  beachten, wenn sie denn in einer Entspannungsgruppe durchgeführt werden. Insgesamt lässt sich aber nicht sagen, die eine
  Entspannungsweise sei grundsätzlich besser als die andere.
  Persönliche Vorlieben haben ein größeres Gewicht. Sehr viel
  wichtiger als die spezielle Art der Entspannung ist auch die
  Vermittlung der Entspannung sowie die *Hinführung zum selbstän-
  digen Einsatz* des Gelernten.

- Grundsätzlich ist für alle Altersgruppen Entspannung möglich. Die Entspannungsweisen reichen von der Massage für die Kleinsten über Stillemomente, Phantasiereisen, verschiedene Entspannungsspiele, -lieder und -tänze, auch für Kindergartenkinder, sowie Autogenes Training, Progressive Muskelentspannung und meditative Übungen für Schulkinder. Alle Entspannungsangebote für jüngere sind, altersgemäß vorgetragen, auch für ältere Kinder hilfreich.
- Das Lernen von Entspannung sollte längerfristig angelegt sein und keinen neuen Stress erzeugen, sondern mit der Zeit zu mehr Ruhe und Konzentration führen. Alle Entspannungsmethoden können dies leisten, aber alle benötigen dazu auch Geduld. Knopfdruckmentalität («Ich drücken – du entspannt sein») macht nur neuen Stress.
- Entspannung wird zwar auch erfolgreich bei vielen psychosomatischen und psychischen Problemen angewendet, grundsätzlich ist sie aber etwas für alle Menschen. Gut erklärt werden kann das Kindern und Erwachsenen am Beispiel des mentalen Trainings, das eben nicht von besonders schlechten Sportlern eingesetzt wird, sondern auch und gerade von den besten.

Stillemomente

Die Kinder haben Decken ausgebreitet und machen es sich auf ihrer «Hummelwiese» richtig gemütlich. «Was ist denn das?», fragt Christiane Heyne, als Freundin Barbara dieses Ding aus ihrer Tasche zieht. «Das ist unsere Klangschale», antwortet deren Sohn Tobias stolz an ihrer Stelle. «Im Kindergarten hatten wir so eine, einfach um die Kinder zusammenzurufen oder um mit etwas Neuem zu beginnen. Mir hat die so gut gefallen, da hab ich mir selbst eine gekauft», erzählt Barbara. «Eine

Klangschale unterstützt Stilleübungen besonders gut. Du kannst auch eine Triangel nehmen oder sonst irgendetwas, das Töne macht, die nachschwingen, aber mit einer Klangschale ...»

«Mach doch mal das *Offene Fenster*, Mama», unterbricht ihre Tochter Anne.

«Eins nach dem anderen», lächelt die. «Bei Stillemomenten oder Stilleübungen, wie man auch sagt, geht es meistens einfach darum, etwas nachzulauschen. Am allereinfachsten ist natürlich, der Klangschale nachzulauschen, wie sie langsam verklingt. Schließt dazu jetzt die Augen – ja –, und wenn ich die Klangschale anschlage, dann lauscht ihr dem Ton. Wer den Ton nicht mehr hören kann, der öffnet die Augen, sagt aber noch nichts, bis alle die Augen geöffnet haben. Klar?» Alle nicken, und Barbara schlägt die Klangschale an ...

Christiane ist die Erste, die ihre Augen wieder öffnet. «Nanu», denkt sie, «sollten meine Ohren schon so schlecht ...» Nun haben alle die Augen offen, und Barbara wendet sich entschuldigend an ihre Freundin. «Ein bisschen ungerecht kann das schon sein, du warst am weitesten von der Schale entfernt. Aber es geht ja auch nicht um einen Wettbewerb. – Was habt ihr denn gehört?», fragt sie in die Runde.

Die Ohren für die verschiedenen Geräusche öffnen ...

«Die Schale eben», sagt Markus. «Aber der Ton, der ist nicht einfach leiser geworden, der ist so ganz komisch ...» – «... so auf und ab geschwungen», versucht Annika das Erlebnis in Worte zu fassen. «Ja», nickt Barbara. «Das klang sehr schön», sagt Anne. «Aber was hat das mit Stille zu tun?», fragt Christiane. «Da war doch im Gegenteil gerade ein Ton!»

«Und wie wart ihr, solange der Ton klang?», fragt Barbara zurück.

«Ach», Christiane tippt sich an die Stirn, «*wir* waren still, stimmt.»

«Darum geht es bei Stillemomenten», sagt Barbara. «Jemand stellt eine kleine Aufgabe, die ihrerseits Stille herstellt. Meistens hat es etwas mit Klängen zu tun, meistens müssen die Augen geschlossen werden. – Was glaubst du, was passiert, wenn ich im Kindergarten sage: ‹Seid doch mal still!› – Gar nichts passiert! Aber wenn ich so eine Aufgabe stelle, die für die Kinder auch interessant ist, dann kehrt tatsächlich Stille ein.»

«Und da macht ihr im Kindergarten immer Töne-Lauschen, wenn es zu laut ist?», fragt Christiane.

«Die einzelne Übung wird schnell uninteressant und wirkt dann nicht mehr», sagt Barbara. «Stillemomente brauchst du eine ganze Kiste voll, wenn du damit arbeiten willst. Und da gibt es auch viel, ganze Bücher voll. Beim *Offenen Fenster* beispielsweise setzen wir uns einfach ans Fenster, schließen die Augen und lauschen, was es alles zu hören gibt. In dieser Zeit soll niemand etwas sagen, aber danach sammeln wir, was alles zu hören war. Im *Klangkreis* setzen wir uns im Kreis auf den Boden und schließen die Augen. Jemand hat eine Klangmurmel – das ist eine Murmel, in die etwas eingeschlossen ist und die deshalb klingt, wenn sie rollt. Natürlich geht auch sonst alles, was rollt und ein Geräusch dabei macht.

Der mit der Klangmurmel rollt sie nun auf jemanden zu. Und alle lauschen, wohin die Murmel denn rollt. Bei wem sie angekommen ist, der öffnet die Augen und schickt sie weiter auf die Reise. Da gibt es auch Stillemomente, bei denen getastet wird. Wir sitzen im Kreis und lassen beispielsweise gesammelte Steine oder Schneckenhäuser herumgehen. Jemand hat eine Triangel oder Klangschale, und bei jedem Ton wandern die Sachen weiter ringsum. Wir fühlen sie einfach – oder wir versuchen, in ihnen die Kraft oder die Stille zu spüren. Und wenn die Runde durch ist, dann legen wir sie in die Mitte, betrachten sie, versuchen, sie nun mit den Augen wieder zu erkennen, und reden darüber.»

«Geredet wird auch?», fragt Christiane.

«Hinterher», sagt Barbara. «Du darfst dir nicht vorstellen, dass da erst Krach ist und Chaos, dann kommst du mit deiner Stilleübung – und dann ist die Welt in Ordnung. Stillemomente sind kein Knopf, den man drücken muss, um ruhige Kinder zu bekommen. Mit Knöpfedrücken funktioniert kein Kind, kein Mensch. Stillemomente zeigen Kindern etwas, nämlich dass Stille schön ist oder schön sein kann, dass es in der Stille etwas zu entdecken gibt. Wenn normalerweise Kinder von Stille hören, klingt das anders: ‹Sei doch mal still!› oder ‹Still jetzt!›. Da ist es doch kein Wunder, wenn für die Kinder alles, was irgendwie mit Stille zu tun hat, eine schlechte Färbung bekommt. Stillemomente zeigen das Schöne an der Stille, machen Stille interessant. Und zwar nicht per Knopfdruck, sondern eher als ein Weg, den ich mit den Kindern gehe. Dieser Weg wird die Kinder verändern, dieses einfache, selbstverständliche Gehen auf dem Weg, nicht der einzelne Stillemoment. *Nach einem Stillemoment kann es durchaus lauter als vorher sein.* Wir haben doch etwas zusammen erlebt, nun reden wir darüber, tauschen uns aus. Stillemomente musst du in einem weiten Rahmen sehen, eben als Weg, nicht als Augenblickssache.»

«Aber du hast doch selbst gesagt, dass ihr Stillemomente im Kindergarten auch verwendet habt, um die Kinder mal ruhig zu bekommen», wirft Christiane ein.

«Sicher, die Klangschale als Signal oder einen Stillemoment als Übergang zu einer anderen Aktivität», bestätigt Barbara. «Das kannst du machen, das ist gut, so kannst du auch immer wieder mal einen Stillemoment ins Spiel bringen. Aber die Hauptwirkung ist längerfristig. Das haben mir auch immer wieder Kolleginnen bestätigt, wenn es in Fortbildungen darum ging: Längerfristig werden die Gruppen tatsächlich leiser, und dann nicht nur, wenn du gerade eine Stilleübung durchführst. Es ist, als würden die Kinder etwas von der Atmosphäre, der Stille in sich hineinnehmen, verinnerlichen – allmählich, mit der Zeit.»

«Alle wirkliche Veränderung braucht ihre Zeit», meint Christiane.

Die Kinder haben mittlerweile am großen Fenster zur Terrasse etwas entdeckt: Eine Hummel hat sich ins Zimmer verirrt und brummt gegen das Glas. Christiane tritt hinzu. Sie lassen das Tier durch die Terrassentür wieder ins Freie. «Was meint ihr», wendet sie sich an die Kinder, «wir machen noch etwas im Freien, wie sich die Bäume so anfühlen. Und dann erzähl ich euch drinnen noch eine Entspannungsgeschichte.» – «Ja!» Schon sind sie beim Schuheanziehen, und sie folgen der Hummel hinaus auf die Wiese.

STILLEMOMENTE

- Kinder wollen Bewegung und Aufregung – und sie haben das Bedürfnis nach Stille. In Kindergruppen kommt die Stille natürlich zu kurz, deshalb wird für sie mit Stillemomenten ein Raum eröffnet. Momente der Stille wecken so die Achtsamkeit und die Wertschätzung für die kleinen, unscheinbaren Dinge um uns.
- Mit Hilfe einer kleinen Aufgabe stellt sich Stille ein. Die Sinne werden gefordert, meist Hören oder Tasten. Stille nehmen wir durch kleine Geräusche viel besser wahr, als wenn es völlig still wäre.
- Stillemomente sind altersunabhängig, auch unabhängig von der Anzahl der Teilnehmer.
- Stillemomente können gut zwischendurch, beispielsweise als Übergang zwischen zwei Aktivitäten, angeboten werden.
- Die Perspektive sollte weiter gesehen werden, längerfristig, als ein Weg, Kindern die positiven Seiten der Stille näher zu bringen, so, dass sie über längere Zeit zu mehr Ruhe und innerer Ausgeglichenheit finden.
- Stillemomente können sich spontan in der Natur entwickeln: Wir lauschen, ob die Katze irgendwelche Geräusche macht, wir lauschen in die Schneckenhäuser, wir versuchen, in den Steinen Kraft zu empfinden.
- Suchen Sie immer wieder nach neuen Anregungen und Formen, mit denen Sie nach Stillemomenten suchen. Sammlungen finden sich in: Maschwitz & Maschwitz 1993, Friebel 1995.

Phantasiereisen

Barbara probiert den CD-Spieler aus – und schon kommen die Kinder aus dem Zimmer von Annika gelaufen.

«Sucht euch einen schönen Platz auf unserer Hummelwiese, hier sind die Decken», sagt Christiane. «Machst du Musik?», fragt Markus. «Später», antwortet Barbara. «Nachher gibt es eine Phantasiereise. Aber erst mal machen wir das *Offene Fenster*, die Stilleübung, die Anne das letzte Mal erwähnt hat. – Ja, eine offene Terrassentür ist sogar noch besser», sagt sie, als Tobias die Tür öffnet.

«Wenn ich die Klangschale anschlage, dann schließen wir alle die Augen...» – «Du auch?», fragt Annika. «Ich auch», bestätigt Barbara. «Wir schließen die Augen und achten einfach mal darauf, was es alles zu hören gibt. Wir reden aber nicht dabei, das tun wir später. Wenn ich nämlich die Klangschale ein zweites Mal anschlage, dann öffnen wir die Augen wieder und sammeln, was wir alles gehört haben. Ihr erzählt es, und ich schreibe es auf. Denn nachher machen wir eine

«... und dann gehen wir auf eine Phantasiereise»

Phantasiereise, da werdet ihr manches davon vielleicht wiederfinden.»

Geraschel, Deckengezupfe – als es sich alle bequem gemacht haben, schlägt Barbara die Klangschale an. Zwei, drei Minuten lauschen sie hinaus in den Garten. Dann erklingt die Klangschale wieder, und sie reden, während Barbara mitschreibt: Vögel, die eine Amsel ganz nah, ein Flugzeug, ein Auto, in der Ferne ein Motorengeräusch, vielleicht war es ein Rasenmäher, ein tiefes Brummen, vielleicht ein Laster auf der Landstraße, Insekten, eines muss eine extradicke Fliege gewesen sein, und war da wirklich auch eine Hummel? Blätterrascheln, der Wind ... Erstaunlich, was alles da ist, wenn wir nur hinhören!

Zur Phantasiereise legen sich wieder alle hin. Nur Barbara sitzt, denn sie hat ein Blatt vor sich liegen. «Nicht zum Ablesen, ich orientiere mich nur so ungefähr daran, lasse auch Sachen weg oder baue andere ein, vielleicht von unserem *Offenen Fenster*», sagt sie auf den fragenden Blick ihrer Freundin hin. Barbara lässt etwas Entspannungsmusik laufen, dann beginnt sie die Phantasiereise zu sprechen:

PUSTEBLUME

Auf der Wiese vor der Terrassentür steht eine Pusteblume. Stell sie dir genau vor, zwischen all den anderen Blumen und den Grashalmen.

Ihr langer Stängel, oben die silberne Kugel: Leicht schwankt sie im Wind.

Ab und zu fliegt eine dicke Fliege oder eine Biene vorbei, auf der Suche nach Blumen und Nektar. Und eine Hummel brummt. Gemächlich zieht sie an der Pusteblume vorbei.

Hier und da sind Vögel zu hören, vielleicht von den Apfelbäumen des Nachbarn. Auf dem Birnbaum gleich bei der Pusteblume flötet eine Amsel. Die Pusteblume aber ist stumm.

Vielleicht hört sie darauf, was der Wind ihr erzählt. Sie wiegt sich im Wind, sie lässt sich schaukeln vom Wind. Hinwiegen, herwiegen, einfach im Wind, wie im Traum. Die Pusteblume hat alle Ruhe in sich versammelt. Vielleicht spürst du die Ruhe der Pusteblume.

Wieder ein Windstoß – er reißt zwei, drei Samen aus der silbernen Kugel. Die segeln nun über die Wiese. Braune Samen an silbernen Segelschirmen – im Wind über die Wiese treiben sie hin.

Schon sind die Samen auseinan-

der getrieben. Einer ist etwas zurückgeblieben, leicht schwebt er über die Gräser und Blumen. Er fühlt seine Leichtigkeit im Wind – und er fühlt die Schwere der Welt, die zieht ihn immer ein bisschen hinunter zur Erde. Vielleicht spürst du die Schwere im treibenden Samen.

Da kommt noch ein Windstoß – noch einmal geht es ein Stückchen hinauf in den Himmel. Du siehst über dir das offene Blau. Unter dir gleitet die Wiese hinweg, das Grün, das Rot, das Gelb, das Weiß – all die Blumen, die du magst. Weit hinten liegt schon der Gartenzaun.

Der Samen ist sanft gelandet. Da liegt er, am Bach, halb schon in die Erde eingesunken. Hier wird er bleiben. Er liegt einfach da, gerade wo ein Sonnenstrahl auf den Boden fällt. Vielleicht spürst du die Wärme der Sonne, vielleicht spürst du die Wärme der Erde.

Im Samen regt sich die Kraft. Noch schlummert sie, wie in einem Traum. Nächstes Jahr wird hier eine neue Pusteblume stehen. Aber vielleicht kannst du sie jetzt schon fühlen.

Die Ruhe,
die Schwere,
die Wärme,
die Kraft.

Barbara lässt die Musik noch etwas weiterlaufen, dann dreht sie leiser – und schaltet ganz aus. «Wer so weit ist, der öffnet die Augen und reckt und streckt sich noch ein bisschen», sagt sie dann. Die anderen raffen sich einer nach dem anderen auf. «Ist im Garten wirklich eine Pusteblume?», fragt Anne. «Wenn nicht, dann pflanzen wir eine», lacht Christiane. «Ihr könnt ja das nächste Mal ein paar Pflänzchen Löwenzahn mitbringen, da werden dann Pusteblumen draus!» Sie geht Kaffeewasser aufsetzen. «Malt doch im Kinderzimmer etwas zur Pusteblume», schlägt Barbara vor.

Beim Kaffee meint Christiane: «Was sich aus einer Pusteblume doch machen lässt! Und von der Musik konnte ich mich so richtig dahintragen lassen.»

«Nicht alle Menschen mögen das mit Musik», sagt Barbara. «Nicht wenige sagen, das lenke nur ab. Im Kindergarten haben wir immer nur zur Einleitung und zum Ausklang der Phantasiereise Musik angemacht. Zwischendurch gab es keine Musik. Mir gefällt es mit Musik besser, und meinen Kindern auch.»

«Und die Hummel hast du auch untergebracht.» Christiane lächelt und trinkt einen Schluck Kaffee.

«Wenn du solche Verbindungen zu gerade Erlebtem machen kannst,

Innere Bilder aktivieren und sich dadurch entspannen

dann ist das meistens gut», sagt Barbara. «In der Phantasiereise gab es auch Hinweise auf Übungsformeln des Autogenen Trainings. Die Ruhe, die Schwere und die Wärme. Vielleicht erkennt Annika die wieder, wenn sie ihren Kurs macht. Ich glaub eigentlich nicht, dass diese Formeln in Phantasiereisen unbedingt drin sein müssen», fährt sie fort. «Die Bilder sprechen für sich. Es sind ja immer Naturbilder, die beruhigend wirken und ihre Ruhe auch auf den Menschen übertragen. Die Unruhe machen wir selbst, die Ruhe können wir aus der Natur schöpfen – wenn wir nur hinhören, hinschauen. Aber wenn es sich anbietet, dann kann etwas mit der Ruhe, der Schwere und der Wärme in die Phantasiereise einfließen. Diese drei Begriffe sind einfach in unserem Erleben besonders eng mit Entspannung verbunden, deshalb werden sie auch vom Autogenen Training verwendet.»

«Da bin ich mal gespannt, was Annika darüber berichten wird», sagt Christiane und trinkt einen Schluck.

Die Tür geht auf, und die Kinder kommen herein. «Schau mal, Mama, was ich zur Pusteblume gemalt hab», sagt Markus. Stolz zeigen sie ihre Werke vor.

Phantasiereisen

- Phantasie- oder Traumreisen sind spannungslose Geschichten, eher Bildbeschreibungen, fast immer aus der Natur.
- Lassen Sie beim Vorlesen genügend Raum zwischen den Wörtern und Sätzen und Sinnabschnitten! (Zwei Beispiele sind auf der CD, Stück 1 und 2.) Phantasiereisen sollen nur die eigene Vorstellungskraft der Hörenden anstoßen.
- Phantasiereisen sind für beliebige Gruppengrößen oder auch einzelne Menschen geeignet, auch alle Altersgruppen werden angesprochen. Je nach Alter muss lediglich die Wortwahl etwas verändert werden.
- Phantasiereisen eignen sich für zwischendurch oder zur Einleitung einer Ruhephase oder zur guten Nacht. Im Liegen werden sie am angenehmsten erlebt, die Augen sollten möglichst geschlossen sein. Lassen Sie nach einer Phantasiereise noch ein wenig Zeit. Sich strecken und räkeln führt am besten wieder zurück. Hintergrundmusik während einer Phantasiereise ist möglich, muss aber nicht sein. Manche Anleiter lassen nur zur Einstimmung und zum Ausklang Musik laufen, manche gar keine.
- In Phantasiereisen können (aber müssen nicht) Entspannungsformeln des Autogenen Trainings eingeflochten sein. Da kann in den Bildern von der *Ruhe* gesprochen werden, die *Schwere* lässt sich erleben und die *Wärme*: Dieses Erleben ist mit Entspannung besonders verbunden, ebendeshalb bezieht sich das Autogene Training darauf, und deshalb kann es auch im Erleben der Phantasiereise besonders betont werden. Auch eine *Atembeobachtung* lässt sich oft zwanglos einbetten.
- Phantasiereisen wirken vermutlich in erster Linie über die Aktivierung innerer Vorstellungsbilder, besonders von Naturbildern. Unserer Einschätzung nach sind sie konventionellen Entspannungsverfahren wie dem Autogenen Training und der Progressiven Muskelentspannung mindestens ebenbürtig, wenn nicht gar überlegen. Phantasiereisen werden aber bisher fast immer nur passiv in der Vorlesesituation genutzt. Versuchen Sie,

mit Kindern (oder Erwachsenen) zu erarbeiten, wie sie sie aktiv in Stresssituationen einsetzen können (Beispiele sind «Meeratem» ab Seite 29 und «Ruhebild» ab Seite 38).

- Gedruckte Phantasiereisen sollten der Situation, der Auffassungsgabe und den Kenntnissen der jeweiligen Erlebenden angepasst werden. Nicht die genauen Worte oder die Wortwahl ist wichtig, sondern die Vorgabe geeigneter Bilder für das eigene Erleben. Beachten Sie bei eigenen Variationen, dass das Erleben durch die Wortwahl nicht zu sehr festgelegt wird, um nicht Widerstände zu wecken («*vielleicht* hörst du auch Vögel singen ...»). Sprechen Sie nicht nur das Sehen, sondern auch Hören, Riechen, Empfinden an. Geben Sie mit wenigen Worten möglichst viel Anregung in Richtung Ruhe, Entspannung, Kraft, legen Sie aber möglichst wenig exakt fest. Unschärfe ist bei Phantasiereisen erwünscht.
- Eine Gruppe kann sich nach der Phantasiereise über ihre Erfahrungen austauschen oder sie in Bilder umsetzen.
- In Kindergruppen muss anfangs durchaus mit Störungen während einer Phantasiereise gerechnet werden. Manche Kinder sind durch die ungewohnten Pausen und die noch unbekannte Darbietungsform der «Geschichte» irritiert und reagieren mit Kichern oder Reden. Machen Sie daraus kein Problem, mit zunehmender Gewohnheit verliert sich dieses Verhalten ohnehin.

1 | 2 | 3 | 4 Auf der Hummelwiese

Atementspannung

Aus den Lautsprechern rauschen Meereswogen. Nun setzt Musik ein. Die Kinder breiten ihre Decken aus. Barbara stellt den Lautstärkeregler zurück und sagt dann: «Unsere Hummelwiese liegt heute am Meer. Ich habe eine Phantasiereise über das Meer dabei, ‹Meeratem› heißt sie. Denn da geht es um Wellen – und um unseren Atem. Legt euch alle hin und schließt die Augen. Achtet einfach auf das Meeresrauschen.» Barbara lässt wieder die Meereswogen auf der CD beginnen und beobachtet, wie die anderen langsam zur Ruhe kommen. Nach ein, zwei Minuten stellt sie den Ton leiser und beginnt, die Phantasiereise zu sprechen.

MEERATEM

Stell dir eine Meeresküste vor, vielleicht nach deiner Phantasie, vielleicht eine, an der du schon warst. Achte auf alles Angenehme dabei und lass alles andere weg. Wellen laufen den Strand hinauf, wieder und wieder.

Stell dir eine Welle vor, wie sie den Strand hinaufläuft – und dann wieder zurückspült ins Meer. Die nächste Welle überrollt sie.

Du hörst den kraftvollen Klang der Wellen.

Vielleicht hörst du auch Möwen rufen, die kreisen am Himmel über dem Meer. An der Steilküste haben sie ihre Nester versteckt. Du siehst nur ihre Kreise am Himmel.

Unter dem weiten Himmel das Meer: das Brausen der Wellen, wenn sie den Strand hinaufspülen – und wieder hinunter, von der nächsten Welle schon überrollt.

Du spürst die Kraft darin, die ruhige Kraft des Meeres . . .

Achte auf deinen Atem. Bei jedem Atemzug hörst du eine Welle des Meeres . . . Du spürst, wie die Kraft des Meeres in dich hineinströmt . . . Zwischen den Atemzügen ist Stille – ruhig, lebendig, klar.

Achte so einige Atemzüge lang einfach auf deinen Atem – und auf die Wellen des Meeres . . .

Achte darauf, wie bei jedem Atemzug die Ruhe und Kraft des Meeres in dich hineinströmt. Bei jedem Atemzug strömen Ruhe und Kraft in dich . . .

Das Meer – und der Atem. Du spürst die Ruhe tief in dir wachsen – du spürst die Kraft tief in dir wachsen – im Strom deines Atems …

Die Wellen werden langsam leiser – Barbara stellt den CD-Player aus. «Die Phantasiereise kommt nun langsam zum Ende, wer so weit ist, öffnet die Augen und streckt und reckt sich ein bisschen», sagt sie dann.

Alle räkeln sich – und bleiben noch liegen. Schließlich erhebt Christiane sich, um Kaffee zu machen. «Ihr könnt ja etwas zum Meeratem malen», sagt sie den Kindern. Eins nach dem anderen verschwinden sie im Kinderzimmer.

«Das war aber sehr tief», sagt Christiane beim Kaffee zu ihrer Freundin Barbara. «Tief wie das Meer», scherzt die. «Liegt das am Meeresrauschen? Oder am Atem? Meeresrauschen wird doch zur

Auch in der Muschel ist das Geräusch des Meeres verborgen

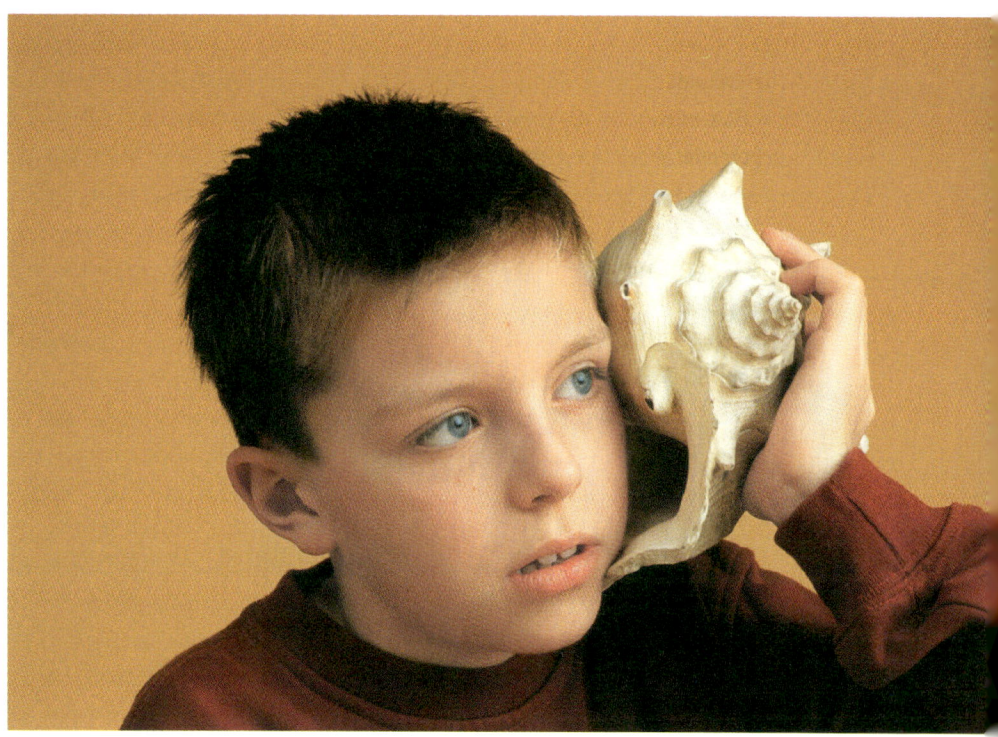

Entspannung häufig verwendet, ich habe mich schon immer gefragt, warum eigentlich.»

Barbara trinkt einen Schluck und meint dann: «Das hat mit Rhythmus zu tun. Und mit Natur. Ich glaube, dass Natur die Menschen beruhigt. Natur hat einfach etwas Heilsames für Körper und Geist. Es gibt Untersuchungen darüber, wie im Krankenhaus die Gesundung davon abhängt, ob der Blick durchs Fenster auf Natur geht – oder etwa auf eine Betonwand. Warum das so ist? Wir sollten immer daran denken, *dass* es so ist. Deshalb finde ich es auch so wichtig, mit den Kindern oft rauszugehen, etwas in der Natur zu unternehmen – auch wenn die manchmal lieber zu Hause oder bei Freunden sein wollen.»

«Aber Rhythmus, den hat auch ein tropfender Wasserhahn», sagt Christiane, «und Natur ist das Leitungswasser doch auch. Der Wasserhahn aber regt auf.»

«Ich habe mich früher oft gefragt, warum es die Kleinen beruhigt, wenn die Mutter sie trägt. Und warum ich sie fast immer links getragen habe – irgendwann fiel mir das auf», sagt Christiane. «Da ist doch auch ein Rhythmus, ein natürlicher Rhythmus – nämlich der Herzschlag der Mutter. Kinderherzen schlagen viel schneller als Erwachsenenherzen. Aber – so habe ich das mal gehört – es gibt eine Tendenz gerade des Herzschlags, sich Rhythmen anzupassen. Ein Rhythmus, der langsamer als deiner ist, verlangsamt deinen Herzschlag etwas. Der Herzschlag der Mutter ist langsamer als der des Kindes, also verlangsamt sich der Herzschlag des Kindes ein bisschen. Verlangsamung des Herzschlags aber bedeutet Beruhigung. – Bei Erwachsenen ist der Herzschlag übrigens nicht mehr so unschuldig vertrauensvoll wie bei kleinen Kindern, sondern oft angstbesetzt», sagt Christiane. «Herzschlagaufnahmen erinnern sie eher an Krankenhaus. Aber Meereswellen natürlich nicht. Die sind auch langsamer als der Herzschlag, zeigen auch eine Rhythmik, aber erinnern eher an Urlaub. Und eben an das Meer, an Weite, Tiefe, Ruhe – und Frische, Kraft. Deshalb werden zur Entspannung so häufig Meereswellen genommen.»

Die Freundinnen schauen versonnen aus dem Fenster.

«Weißt du», sagt Barbara dann, «Phantasiereisen wie ‹Pusteblume›, die sind ganz schön zum Erleben. Solche Phantasiereisen mit Kindern immer wieder zu machen, das stärkt auch ihre Sensibilität, für sich selbst, für ihr eigenes Empfinden – und für die Dinge um sie herum. Aber selbst werden sie so eine Phantasiereise kaum durchführen. Wie denn auch? Dagegen der ‹Meeratem›: Über die anschließende Atembeobachtung wird das zu einer Entspannungsweise, die Kinder – und genauso Erwachsene – selbständig einsetzen können in einer Stresssituation. Beim Zahnarzt, vor der Klassenarbeit, während einer Klassenarbeit: Immer ist genug Zeit. Das ist ein Vorteil von ‹Meeratem› gegenüber ‹professionellen› Entspannungsweisen wie dem Autogenen Training oder der Progressiven Muskelentspannung: ‹Meeratem› kann ganz kurz gemacht werden, eine einzelne Welle, ein einzelner Atemzug, oder sehr lang, so lange, wie eben Zeit ist und die Übung hilfreich erscheint. Und es fällt von außen nicht auf. Das Autogene Training ist im Schulalltag schwer einzusetzen, und die Muskelentspannung ist sowieso nur im Kurs richtig durchführbar. – Natürlich kann man es auch noch verändern, beispielsweise mit jeder Meereswoge Ruhe und Kraft einströmen, mit ihrem Zurückspülen aber zusätzlich noch Aufregung ausströmen zu lassen.»

«Was ist das Wichtigere, das Meer oder der Atem?», fragt Christiane.

«Das sind eigentlich zwei unterschiedliche Dinge, die sich im ‹Meeratem› aber gut verbinden», sagt Barbara. «Das Meer ist wie eine Phantasiereise. Das könnte durchaus für sich stehen bleiben und wäre damit gut. Hier dient es aber der Einstimmung, geistig wie körperlich, auf die Atembeobachtung. Die könnte auch

für sich alleine stehen, ohne irgendeinen Gedanken an das Meer oder an Möwen. Und das steht sie auch, ich glaube, im Yoga und in manchen Meditationsschulen. Und wenn die Kinder gerade im Stress sind und sehr wenig Zeit haben, steht dann vielleicht auch die Atembeobachtung allein – oder die Phantasiereise: einfach den Atem ein paar Züge beobachten, einfach ein paar Wellen des Meeres vorüberrollen lassen und die Kraft darin spüren. Beides ist mit Entspannung verbunden, mit Ruhe und Kraft. Ja, ich glaube, in der Verbindung, in ‹Meeratem›, kann man sagen: Die Phantasiereise bereitet die Atembeobachtung vor, und die Atembeobachtung vertieft die Phantasiereise noch.»

«‹Erst mal tief durchatmen›», sagt Christiane.

«Die Bedeutung des Atems für Entspannung und Gelassenheit ist uns allen bekannt – aber wir denken in unserem Alltag zu wenig daran», entgegnet Barbara. «Obwohl doch Ruhe und Gelassenheit immer wichtiger werden.»

«Also, lass uns mehr daran denken», sagt Christiane und trinkt noch einen Schluck Kaffee.

ATEMENTSPANNUNG

- Auf den Atem beziehen sich viele Entspannungsmethoden. Manche verändern den Atem, manche beobachten ihn lediglich. Atembeobachtung ist eine der ältesten und tiefsten Entspannungsmöglichkeiten überhaupt.
- ‹Meeratem› verbindet eine Phantasiereise, die Vorstellung von Meereswogen, mit der Beobachtung des eigenen Atems – und beides mit dem Strömen von Ruhe und Kraft. Diese Entspannungsmöglichkeit kann von Schulkindern selbständig in Stresssituationen eingesetzt werden, durchaus auch im Sitzen oder im Stehen. Sie eignet sich besonders für kraftvolle Ruhe, für gelassene Frische, für Konzentration. Nicht die genauen Worte der Anleitung sind wichtig, sondern: die Vorstellung des Meeres, die Einbeziehung des Atems in dieses Bild und die Vorstellung, wie die Kraft und die Ruhe des Meeres in einen selbst strömen. Eventuell noch, wie Aufregung aus einem herausströmt. Das kann ganz ohne Worte geschehen, so lange, wie Zeit ist – ein Atemzug, zehn Atemzüge …
- *Aufregung ausatmen* ist eine weitere Entspannungsübung auf der Grundlage des Atems. Das Kind achtet auf seinen Atem, beobachtet ihn zunächst nur, am besten mit geschlossenen Augen. Nach einiger Zeit konzentriert es sich ganz auf die Ausatmung. Es stellt sich vor, dass bei jedem Ausatmen ein bisschen Aufregung aus dem Körper geblasen wird. Mit jedem Ausatmen wird die Aufregung geringer. Zusätzlich lässt sich noch vorstellen, dass bei jedem Einatmen Ruhe und Kraft zunehmen – wie beim ‹Meeratem›. Natürlich lässt sich außer Aufregung auch anderes ausatmen, beispielsweise Wut, Hass, Angst, Ärger – eben alles, was als schlecht oder störend empfunden wird. Die Übung lässt sich auch körperlich unterstützen. So kann im Stehen bei jedem Ausatmen etwa der Ärger oder die Wut ausgeschüttelt werden. Dabei stellt sich das Kind vor, dass der Ärger durch die Hände ausströmt und im Boden versickert oder sich auflöst.

Memoryreisen

Als sich alle hingelegt und in ihre Decken eingekuschelt haben, sagt Barbara: «Gestern waren wir doch mit Bettina und Rike bei der Feuerstelle am Waldrand. Auf der Traumreise heute gehen wir ganz einfach noch einmal diesen Weg. Ich beschreibe, wie ich ihn gegangen bin und was ich alles gesehen habe. Ihr erinnert euch sicher auch noch an das eine oder andere – oder an ganz etwas anderes. Stellt es euch gut vor während der Traumreise. Nachher reden wir darüber, was jeder gesehen hat. Aber während der Traumreise sind wir alle ganz ruhig – na, außer mir selber natürlich, ich erzähle die Geschichte ja!»

«Sollen wir auch wieder die Augen schließen?», fragt Markus.

«Ja, weil du dich mit geschlossenen Augen besser erinnern und dir alles viel besser vorstellen kannst», sagt Barbara. «Also, schließ ruhig die Augen, ich mache das auch.»

Zuerst aber schaltet sie noch den CD-Spieler an und steuert das lange Stück an, das Markus so gefällt. Nachdem Barbara es sich wieder an ihrem Platz bequem gemacht und ihre Augen geschlossen hat, beginnt sie aus ihrer Erinnerung heraus zu

Was haben wir an Erinnerungen von unserem letzten Spaziergang mitgebracht?

sprechen, langsam, mit vielen Unter-
brechungen, ganz in der Art einer
Phantasiereise.

*«Da sind wir also alle zusammen
den Fußweg gegangen. Am letzten
Haus sind wir stehen geblieben. Die
kleine Windmühle im Garten haben
wir angeschaut. Gedreht hat sie
sich aber nicht, weil kein Wind
ging. Die Gartenzwerge haben wir
angeschaut. Vor allem der eine, mit
der Angelrute, hat den meisten
gefallen.*

*Hinter dem Haus hat der
Feldweg begonnen. Das war eine
ganz andere Empfindung zu gehen
als vorher auf dem Asphaltweg.
Die groben Steine konnte man an
den Fußsohlen spüren, auch durch
die Schuhe hindurch. Und die
festgefahrene Erde war wieder ein
ganz anderes Gefühl.*

*Jetzt hat ein Wind zu blasen
begonnen. Ich habe mich gefragt, ob
sich die Windmühle im Garten jetzt
dreht. Wir sind stehen geblieben und
haben gelauscht, wie der Wind über
das grüne Getreide fuhr. Und auf
die Lerche haben wir gelauscht. Wir
haben sie auch zu entdecken versucht, irgendwo oben am Himmel.*

*Markus und Annika haben einen
Strauß gepflückt, mit Ähren und
Mohn, Kornblumen und Kamille.
Wir haben an allem geschnuppert,
erst an der Kamille. Die hat auch am
stärksten geduftet.*

*Anne und Rike haben Schnecken-
häuser gesammelt. Zwei oder drei
haben sie gefunden und den anderen
gezeigt. Eigentlich waren noch mehr
da – aber bewohnte. Tobias und ich
haben eine Weinbergschnecke entdeckt. Wir haben uns hingehockt
und sie ein bisschen beobachtet. Wie
sie gekrochen ist. Wie sie die Fühler
und dann den ganzen Kopf zurückgezogen hat, als Tobias mit einem
Grashalm einen Fühler berührte.*

*Dann haben wir sie in Ruhe
gelassen und mussten recht schnell
gehen, um die anderen wieder
einzuholen. Auf dem Weg haben wir
dafür noch das Tuch von Anne
gefunden.*

*An der Feuerstelle war es dann
wieder ganz anders. Die hohen
Bäume warfen Schatten, auf dem
Gras war anders zu gehen als auf
dem Feldweg oder vorher auf dem
Asphalt. Wir haben eine Bank in
Beschlag genommen und unser
Essen ausgepackt. Markus hatte
einen Streit mit Rike, es gab Tränen,
und nach einer Weile war es
wieder gut. Nach dem Essen seid
ihr ein bisschen durch die Gegend
gestreunt.»*

Barbara lässt noch etwas Musik
laufen, dann blendet sie langsam aus.
«Die Traumreise ist zu Ende», sagt
sie. «Wer so weit ist, öffnet die Augen
und reckt und streckt sich ein biss-

chen.» Und bald reden die Kinder durcheinander, was sonst noch alles war.

Als sie im Kinderzimmer verschwunden sind, um noch ein Bild vom Ausflug zu malen, und der Kaffee dampft, meint Christiane: «So etwas mach ich manchmal abends, wenn die Kinder im Bett sind, zur guten Nacht. Nur dass sie dann miterzählen. Dann erinnern wir uns gemeinsam an dies und jenes, was am Tag war.»

«Ja», sagt Barbara. «Das ist gut, ich mach das mit meinen auch. So eine Memoryreise ist ganz ähnlich, nur dass das Nacherleben noch ein bisschen intensiver ist – wegen der ganzen Situation, der Musik und weil sich die Kinder nicht aufs eigene Sprechen konzentrieren, sondern nur auf das Nacherleben. Aber dafür können sie erst nachher loswerden, was ihnen selbst noch alles zum Ausflug einfällt – und was sie da alles loswerden müssen, das haben wir ja gehört.» Die Frauen lachen.

«In der Memoryreise werden vor allem die stillen Erlebnisse betont», fährt Barbara fort. «Wie bei Phantasiereisen wird nicht nur das Sehen angesprochen, sondern auch das Hören, Empfinden, Riechen. Im Augenblick des Erlebens während der Wanderung selbst achtet man gar nicht so darauf, da ist ja so viel gleichzeitig los! So eine Memoryreise erlaubt gerade durch den zeitlichen Abstand und die Konzentration auf bestimmte Dinge eine Vertiefung des Erlebten. Im Nacherleben können sich so gerade die stillen Erlebnisse viel tiefer festsetzen als während der Aktivität selbst. – Und so eine Memoryreise gemeinsam zu machen stärkt das Gemeinschaftsgefühl.»

«Diese Bilderflut durchs Fernsehen oder die Computerspiele …», beginnt Christiane nachdenklich. «Es heißt doch, dass gerade diese Überflutung mit Bildern diese Hippeligkeit, die Zappeligkeit und so bewirken würde …»

«Da kann man die Bilderflut verlangsamen und wiederholen», sagt Barbara, «beispielsweise in einer Memoryreise. Die Kinder erleben so, dass ihnen dieses Langsame, fast Bedächtige gut tut. Das wird sie dann mehr und mehr auch beim Fernsehen oder beim Umgang mit dem Computer beeinflussen. Solche Dinge anbieten, das können wir, Gegenpole setzen. Sie werden ihren Einfluss haben, wenn wir geduldig sind.»

«Und wenn die Kinder während der Memoryreise hineinreden?», fragt Christiane.

«Das geht auch», sagt Barbara. «Dann sollte als Regel eingeführt werden, dass sie die Augen geschlossen haben und nur ganz kurz reden. Ich habe das nun anders eingeführt, da musst du einfach schauen, wie es mit den Kindern, die du vor dir hast, am besten geht. Bei vier Kindern, das wird vielleicht chaotisch, dachte ich und hab gesagt, sie sollten nicht reden. Bei einem Kind hätte ich durchaus auch miteinander reden wollen, hätte vielleicht während der Memoryreise nachgefragt, ob es sich an das Gefühl beim Gehen auf dem Asphalt und dem Schotter und dem Gras erinnert. Vielleicht hätte es auch bei unseren vier geklappt. Ich denke, das lässt sich nie genau sagen, das musst du einfach probieren. Und es dann so machen, wie es am besten geht, wie du dich selbst dabei am wohlsten fühlst.» – Die Tür geht auf, und die Kinder kommen mit ihren Bildern.

MEMORYREISEN

- In der Art einer Phantasiereise werden reale Tageserlebnisse nacherlebt. So kann ein gemeinsamer Spaziergang wiederholt werden.
- Der Zuhörer hat am besten die Augen geschlossen und redet während der Memoryreise nicht, der Erzähler betont ruhige Episoden und hier besonders Sinneseindrücke: Was war zu sehen, zu hören, zu riechen, zu empfinden, vielleicht auch zu schmecken?
- Memoryreisen passen abends zum Ins-Bett-Gehen. Wenn sie tagsüber als Entspannungsmethode eingesetzt werden, kann anschließend noch über das Erlebte geredet und ein Bild dazu gemalt werden.

Ruhebilder

«Machen wir heute wieder eine Traumreise?», fragt Markus gleich, als Barbara eine CD einlegt. Sie stellt die Lautstärke ein und meint dabei: «Ein Traumpicknick vielleicht, denn wir bleiben bei der Reise an einer einzigen Stelle. Aber welche Stelle das ist, darf sich jeder von euch selbst aussuchen, ganz für sich.»

«Was für eine Stelle denn?», fragt Anne.

«Im Urlaub hat es dir doch so gut am Strand gefallen», meint Barbara zu ihrer Tochter. «Da kannst du dir ein Plätzchen aussuchen, das du besonders schön fandest, und dich genau erinnern, wie es war.»

«Mir hat es aber in den Bergen besser gefallen», sagt ihr Sohn Tobias.

«Das ist ja das Problem, wenn man mit euch einen Urlaub planen will», sagt Barbara. «Aber bei der Traumreise macht das überhaupt nichts. Du stellst dir einfach einen Ort in den Bergen vor, der dir gut gefallen hat. – Wo auch immer, vielleicht im Garten zu Hause, im eigenen Zimmer, am Bach im Wäldchen, auf der Wiese im Haseltal: Nur ruhig muss es dort sein, ihr müsst euch dort hinlegen und die Augen schließen können. Denn das stellen wir uns jetzt vor, jeder für sich an seinem ruhigen Platz. Ihr könnt euch auch einen erfinden, irgendeinen Ort in der Natur, der euch sehr gut gefallen würde. Und wenn ihr euch einen Ort vorstellt, den es wirklich gibt, dann stellt euch den auch so schön wie möglich vor. Wenn da irgendetwas war, was euch gestört hat, das braucht ihr euch jetzt nicht vorzustellen, das lasst ihr einfach weg. – Nehmt eure Decken. Wenn ihr alle gut liegt, geht es los!»

Bald sind sie bereit, Barbara stellt die Musik an und beginnt dann zu sprechen, diesmal mit besonders langen Pausen zwischen den Abschnitten.

Stell dir vor, an deinem ruhigen Platz zu sein. Vielleicht hast du dich dort hingelegt und die Augen geschlossen. Stell dir vor, wie der Ruheplatz genau aussieht, was es dort alles gibt ... Achte ganz auf die Ruhe an deinem Lieblingsort.

Stell dir auch vor, was es Besonderes an deinem Ruheplatz zu hören gibt. Vielleicht sind da bestimmte Geräusche oder die Stimmen von Tieren. Stell sie dir vor ... Vielleicht spürst du die Ruhe darin.

Vielleicht ist da auch ein Geruch, den du riechst, den du wiedererkennst ... Und etwas wie Ruhe in dem Geruch deines Ortes.

Vielleicht sind da auch Empfindungen auf deiner Haut, irgend so etwas, das sich gut anfühlt, an diesem Ort ... Und in allem immer die Ruhe und die Kraft in der Ruhe ...

Stell dir deinen Ruheort vor – und die Ruhe und Kraft, die er dir gibt, die Ruhe und Kraft, die hier in dir größer wird, bis sie dich ganz erfüllt, bis sich alles verwandelt in Ruhe und Kraft.

Die Musik spielt noch ein ganzes Weilchen, dann holt Barbara die Kinder zurück. Recken und strecken. «Und jetzt malt am besten jeder ein Bild von seinem Ruheort, dann schauen wir uns das später zusammen an, und jeder erzählt etwas darüber, wo der Ort denn liegt», sagt Barbara, während Christiane schon den Kaffee aufsetzt. Die Kinder gehen ins Kinderzimmer, und die beiden Freundinnen können in Ruhe Kaffee trinken.

«Das war jetzt aber sehr offen», sagt Christiane dann, «dieses Ruhebild. Bei den anderen Phantasiereisen war immer etwas, das die eigene

Vorstellungskraft anregt – die Beschreibung der Pusteblume oder der Spaziergang bei der Memoryreise oder das Meer bei ‹Meeratem›. Ich hätte gedacht, das würde nun wieder so, nur eben – eine ganz ruhige Situation eben.»

«Und war das jetzt besser oder schlechter?», fragt Barbara.

«Ich fand es schwieriger», sagt Christiane und probiert den Kaffee. «Ich lass mich gern anregen durch etwas, das ich höre, durch die Beschreibung des Meeres oder so. Sicher, da kommen bei mir dann eigene Dinge dazu. So soll es ja auch sein. Aber wenn etwas ausführlicher beschrieben wird, dann finde ich mich auch in Erlebnisse hinein, die mir von selbst eben nicht einfallen würden. Das führt mich an Orte, wo ich sonst nicht hinkomme. Das ist ungewöhnlich und deshalb für mich einfach interessanter. Dieses ganz Offene des Ruhebilds», sie rührt ihren Kaffee, «das lässt mich doch auf meinen vertrauten Gleisen bleiben. Ein bisschen mehr Vorgabe ist mir lieber.»

Barbara antwortet: «Die Menschen sind da unterschiedlich. Manchen sind vage Vorgaben lieber, weil sie sich in ihrer Phantasie sonst eingeengt fühlen. Wenn du mit einem einzigen Kind solche Phantasiereisen machst, kannst du dich eben auf dieses eine Kind einstellen. Sobald mehrere dabei sind, wirst du dich auf unterschiedliche Vorlieben einstellen müssen. Am besten bist du nicht zu genau, machst aber Vorgaben. Und sagst dazu, dass sich jeder das auch selbst verändern kann, wenn es für ihn irgendwie anders besser wäre.

Ich mach aber gern auch mal mit allen zusammen so eine ganz offene Sache wie dieses Ruhebild. Denn wenn etwas ganz persönlich gestaltet werden kann, dann ist das eben auch meist näher als vorgegebene Bilder. Und ein Ruhebild ist ja etwas, das bei Stress ganz schnell erinnert werden kann. Stellt sich einer nun das Bild vor, kommt auch die Entspannung. Für Menschen, denen ein gutes – und gerade ein sehr persönliches – Bild einfällt, ist das eine sehr gute Entspannungsmethode. Immer wenn Entspannung wichtig wäre, stellen sie sich einfach dieses persönliche Ruhebild vor. Das kann genauso gut oder noch besser als eine ‹professionelle› Entspannungsmethode sein – eben weil es völlig auf diese Person zugeschnitten ist. Manche können wenig damit anfangen, die haben deshalb etwas anderes, beispielsweise ‹Meeratem›. Jeder findet so zu dem, was für ihn am besten ist.»

Christiane fragt: «So ein Ruhebild ließe sich doch durchaus auch vom Sprecher so einrichten, dass ein bisschen mehr vorgegeben wird, aber nicht zu viel, es also trotzdem noch ganz persönlich ausgemalt werden kann?»

«Sicher», meint Barbara, «das kann man auch versuchen. Wenn du es aber anders machen willst, dann fragst du am besten vorher herum, was für ein Bild denn am ehesten akzeptiert wird: Meeresstrand, Wiese, Waldlichtung, Bergalm oder sonst etwas. Vielleicht lässt sich ja eine gewisse Übereinstimmung erzielen, und du malst diese Grundszene dann einfach etwas aus: Was ist zu sehen, was zu hören, zu riechen, zu empfinden, vielleicht gar zu schmecken?»

«Muss sich das immer auf Ruhe und Entspannung beziehen?», fragt Christiane.

«Nun, Entspannungsmethoden beschäftigen sich eben mit Entspannung», lächelt Barbara.

«Aber Entspannung hat viele Aspekte», sagt Christiane. «Ich könnte bei so einem Bild doch auch die Geborgenheit besonders herausstellen, die Sicherheit oder den Frieden oder die Kraft oder die Lebendigkeit.»

«Ja», sagt Barbara, «das geht natürlich. Du kannst das in deiner Beschreibung machen, oder du kannst etwas beschreiben und dann sagen, noch in der Entspannung, bei geschlossenen Augen, dass sich jeder ein Wort aussuchen soll, das zu seinem Ruhebild am besten passt.

Und damit ganz klar ist, wie du es meinst, gibst du ein paar Beispiele vor: Frieden, Geborgenheit, Ruhe, Kraft, Lebendigkeit, Fülle. Wer diese Wörter immer wieder mit seinem Ruhebild verknüpft, der kann schon damit die Entspannung hervorrufen. Das Autogene Training arbeitet mit solchen Verknüpfungen, allerdings nicht von Worten und Bildern, sondern von Worten – sie nennen das ‹Entspannungsformeln› – und Empfindungen.»

«Spannend, diese *Ent*spannung», sagt Christiane. Die Tassen sind leer, und da geht auch schon die Kinderzimmertür auf.

«Erwachsenen ist das klar», ergänzt Barbara noch, «aber Kindern muss man sagen, wie sie dieses Ruhebild in ihrem Alltag einsetzen können. Wir schauen uns jetzt die gemalten Bilder an, und dabei reden wir auch darüber.»

RUHEBILDER GESTALTEN

- Ruhebilder können in einer Gruppe entweder sehr offen oder konkreter vorgegeben werden, beispielsweise eine Szene am Strand oder im Gebirge oder auf einer Wiese. Der Anleiter beschreibt dann nur ein einziges Bild, malt dieses aber sehr genau aus, mit Betonung aller Sinneseindrücke sowie der Ruhe und Kraft.
- Ruhebilder lassen sich auch individualisieren: Jeder stellt sich ein ganz persönliches Ruhebild vor, ohne äußere Anleitung. Wichtig ist auch hier, ganz beim einen Bild zu bleiben, bei den Sinneseindrücken, bei Ruhe und Kraft.
- Das Bild kann nach einer realen Erinnerung gestaltet werden, dann wird alles in der Erinnerung eventuell Unangenehme oder Störende weggelassen und alles Ruhige, Entspannende, Erholsame noch besonders betont. Oder es wird mit dem inneren Bild eine ideale Phantasieszene geschaffen.
- Entspannungsformeln, so die Empfindung von Ruhe, Schwere, Wärme und eine Atembeobachtung, können, müssen aber nicht eingeflochten werden.

Mandalas

«Das Wetter ist so schön – machen wir heute doch einen Entspannungsausflug», scherzt Christiane. Barbara bleibt in der Tür stehen. «Anne, Tobias, wie wär's?», ruft sie ihren Kindern hinterher, die schon Richtung Kinderzimmer verschwinden. «Wir gehen ein bisschen hinaus!» Ein Kopf erscheint wieder, dann zwei und drei und vier: «Ins Freibad?», fragt Markus. Christiane schaut Barbara an. «Wir könnten über die Felder zum Wald gehen», überlegt sie. «Wie neulich, wo wir dann die Memoryreise

«Wenn du die Augen schließt, kannst du die Stille in ihm hören»

gemacht haben?», fragt Annika. «Oder zum Fluss und dann am Fluss entlang», meint Christiane. «Ja», sagt Barbara. «Dort gibt es doch diese Kiesstrände ...»

Wenig später sind sie unterwegs. Auf dem Weg durch die Siedlung erklärt Barbara, was sie vorhat: «Anne, du hast doch neulich aus der Schule so ein Mandalablatt mitgebracht», beginnt sie. «Das hab ich ausgemalt», sagt ihre Tochter stolz. «Wir malen auch manchmal in der Schule solche Blätter aus», berichtet Annika. «Malen wir heute wieder?», fragt Markus. «Mandalas kann man nicht nur ausmalen, sondern die lassen sich auch legen. Mit Blättern

im Herbst. Mit Blumen und Gräsern im Frühling und Sommer. Mit Steinen zu allen Jahreszeiten. Wir sammeln jeder ein paar Steine. Nicht zu große, nicht zu kleine – jeder Stein sollte sich bequem mit der Hand umschließen lassen. Aber wir sammeln besondere Steine, *Stillesteine*.»

«Was sind Stillesteine?», fragt Christiane.

«Ein Stillestein ist einfach ein Stein. Aber wenn du die Augen schließt, während du ihn in der Hand hältst, und tief in ihn hineinspürst, dann kannst du in ihm die Stille hören.»

«Hm.» Christiane schaut etwas skeptisch.

«Wie in so einer Muschel, wo das Meer drinnen rauscht?», fragt Annika.

«So ähnlich», antwortet Barbara, «nur dass du die Stille eben nicht unbedingt zu hören brauchst, sondern irgendwie fühlst. – Achtet einfach mal auf die Steine, schon wenn ihr jetzt einen seht und erst recht dann unten am Fluss. Nehmt ein paar in die Hand und fühlt, ob ihr etwas spürt, vielleicht ganz schwach, vielleicht auch recht deutlich, vielleicht überhaupt nicht. Und die besten Stillesteine, die nehmt ihr mit.» Deshalb also hat Barbara vorhin nach Tüten gefragt, jetzt gibt sie jedem eine in die Hand.

So streifen sie durch die Siedlung und dann den Weg hinunter zum Fluss. An den Kiesbänken rasten sie, Christiane hat einiges eingepackt. Und suchen weiter nach Stillesteinen.

Vom Ausflug wieder zurück, verstreuen sich die Kinder erst einmal über die Zimmer und das Bad. Barbara hat sich von Christiane einige Dinge erbeten, und die ordnen sie nun auf der Terrasse.

«Eine Kerze und ein Feuerzeug, da, in die Mitte – und eine blaue Schale mit Wasser – und um alles das Tuch.» Barbara zupft es noch etwas zurecht. «Haben diese Regenbogenfarben eine besondere Bedeutung?», fragt Christiane. «Ach, das kannst du alles machen, wie du willst», antwortet Barbara. «Ich finde, Kerze und Wasserschale und Tuch ergänzen sich gut, die stehen für die vier Elemente, aber das muss nicht so sein – da, ein Stein noch dazu, für die Erde, dann sind es vier … Das Tuch kann für den Himmel stehen, deshalb die Regenbogenfarben. Aber jede andere Farbe ist auch recht. Auch eine Feder ginge. Ich finde, es sollte einfach eine klar erkennbare Mitte ergeben und schön aussehen. Eine Kerze würde auch schon reichen, oder ein Korb Äpfel.»

Markus taucht an der Terrassentür auf. «Ich hab meine Tüte verloren», sagt er betreten. «Und ich hab eine Tüte gefunden, an der Mauer, wo du dir deinen Schnürsenkel gebunden hast», sagt Christiane und hält sie ihm unter die Nase. «Nimm derweil einfach die!»

«Kinder», ruft Barbara ins Haus, «kommt auf die Terrasse, wir legen nun unser Mandala! – Bringt eure Steine dazu mit!»

Bald darauf sitzen alle um die vorbereitete Mitte, ihre Stillesteine neben sich. «Jetzt suchen wir uns alle aus den Steinen, die jeder gesammelt hat, *zwei* aus, in denen vielleicht am meisten Stille ist», sagt Barbara. Als jeder seine beiden Steine hat, werden sie im Kreis herumgereicht. Barbara hat sich ihre Klangschale geholt: Erst reicht jeder einen seiner Stillesteine dem rechten Nachbarn, dann schließen alle die Augen und versuchen, in dem Stein Stille zu spüren. Nach einer Weile schlägt Barbara ihre Klangschale an, dann öffnen alle die Augen und reichen ihren Stein rechts weiter – und versuchen, die Stille im neuen zu spüren. Als alle sechs Steine durch den Kreis gewandert sind, legt jeder einen davon in die Mitte. Und dann beginnt alles mit den anderen sechs Steinen von vorne.

Nachdem auch sie herumgegangen sind und um die Mitte liegen, betrachten alle die Steine und unterhalten sich darüber, in welchem die

Stille besonders zu hören war oder was ihnen sonst zu den Steinen einfällt. «Merkwürdig, nachdem ich alle in der Hand gespürt habe, hat jeder fast so etwas wie eine Persönlichkeit für mich», sagt Christiane. «Oder einen Charakter», meint Barbara. «Der eine große mit der scharfen Kante ist der beste», behauptet Markus. «Nein, der glatte schwarze», widerspricht Anne. Die Meinungen darüber, in welchem Stein denn Stille am besten zu spüren sei, gehen auseinander, auch *was* denn

Ein Mandala aus Fundstücken und einer Schale mit Wasser

genau gespürt wurde – aber alle konnten mit der merkwürdigen Aufgabe etwas anfangen, und alle sind eigenartig von den doch so unscheinbaren Steinen berührt.

«Kommt, wir legen noch unsere anderen Steine um die Mitte», sagt Barbara. «Bisher sieht unser Mandala doch recht dürftig aus!»

Sie schiebt ihre Steine Christiane zu und geht ins Haus, während die anderen zu legen beginnen. Als sie wiederkommt, hat sie alles Mögliche dabei. «Ich hab mich schon gefragt, was du mit all den anderen gesammelten Sachen willst», lächelt Christiane. Barbara schüttet Blumen und Gräser, Baumrinde, Schneckenhäuser, den rostigen Deckel eines Coladosenverschlusses, Blätter und ein paar Glasscherben aus ihrer zweiten Tüte auf die Terrasse. «Und damit unser Mandala ein bisschen schöner aussieht, hab ich hier noch ein paar andere Sachen am Fluss gesammelt», sagt sie. «Wer will, nimmt sich etwas davon und legt es einfach dazu, wo es seiner Meinung nach passt.»

Nach einer Weile betrachten alle die getane Arbeit auf der Terrassenmitte.

«Schön», sagt Christiane.

«Schön», stimmt Barbara zu.

Zu zweit beim Kaffee fragt Christiane: «Wir haben nun Stillesteine gelegt – aber was ein Mandala ist, habe ich noch nicht verstanden.»

«Mandalas sind einfach Kreisbilder», sagt Barbara. «Sie können gemalt, ausgemalt, gelegt oder anderweitig gestaltet werden. Ursprünglich dienten sie unter anderem im Hinduismus, im Buddhismus und im Christentum als Meditationshilfen. Über das Mandala-Ausmalen werden sie bei uns häufig als Entspannungsangebot für Kinder eingesetzt. Mandalas auszumalen beruhigt und fördert die Konzentration, berichten viele Anleiter aus Schule und Kindergarten, auch bei uns war eine Kollegin ganz begeistert davon und hat das regelmäßig in ihrer Kindergartengruppe gemacht. Mandalas zu *legen*, das verhilft zusätzlich noch zu einem Umgang mit Naturgegenständen und vielleicht zu einem spannenden Spaziergang: Was finden wir wohl zu unserem Thema?

Konzentration auf Sinneswahrnehmungen ist eine gute Entspannungsmethode. Das Sammeln und Herumgeben der Stillesteine, das war ein Stillemoment. Und dann haben wir noch ein Mandala daraus gestaltet. – Einfach eine Mitte, und drum herum etwas legen: das reicht schon. So etwas kannst du regelmäßig tun», sagt Barbara. «Du kannst mit den Kindern hinausgehen und Gegenstände sammeln zu einem bestimmten Thema, zu Stille oder Kraft oder auch zum Thema: ‹Was finden wir alles am Waldbach?› So haben wir ab und zu thematisch im Kindergarten gearbeitet. Durch das abschließende gemeinsame Legen zum Mandala wird eine Gruppenaktivität aus dem Suchen der Einzelnen oder kleinerer Gruppen, das Mandala konzentriert das Gefundene. Und wir können alle zusammen über das Gesammelte reden.»

«Aber was machen wir jetzt damit?», fragt Christiane.

«Deine schöne Terrasse!» Barbara muss lachen.

«Ein gemeinsam gelegtes Mandala sollte auch gemeinsam wieder aufgehoben werden», sagt sie dann. «Alle nehmen etwas heraus und befördern es wieder in die Natur. – Nur das Blech und die Scherben, die kämen wohl besser in den Abfall. – Aber ich dachte eigentlich, wir könnten vorher unser Mandala noch zu etwas anderem verwenden. Morgen treffen wir uns doch wieder – lass es bis dahin einfach mal liegen!»

MANDALAS

- Mandalas sind ursprünglich Meditationshilfen. Sie bestehen aus einer Mitte und Dingen um diese Mitte herum. In dieser Meditation konzentriert man sich auf die einzelnen Dinge und vergegenwärtigt sich ihre Bedeutung.
- Mandalas werden bei uns vor allem gemalt, ausgemalt oder gelegt. Meditative Erfahrungen spielen dabei kaum eine Rolle, Mandalas werden dafür als Entspannungshilfe und als Konzentrationspunkt für gemeinsame Naturerfahrungen verwendet, beispielsweise im beschriebenen Mandala der Stillesteine auch als Rahmen für eine Stilleübung.
- Nicht alle Kinder (und Erwachsene) mögen Mandala-Malen. Vor allem sehr unruhige Kinder scheinen damit weniger gut zurechtzukommen. Mandalas zu legen aber scheint für alle Kinder gut zu sein, ist allerdings aufwendiger.
- Gemeinsam gelegte Mandalas sollten auch gemeinsam wieder aufgehoben werden.
- Auf einem großen Tablett gelegte Mandalas lassen sich wegräumen und so einige Zeit erhalten, ohne den Raum zu blockieren.
- Gelegte Mandalas eignen sich gut als Mitte für einen meditativen Tanz.

Meditative Tänze

An der Haustür läutet es stürmisch. Als Christiane öffnet, ist der Flur sofort voller Leute: Barbara hat noch ihre Freundin Tanja mitgebracht – und deren drei Kinder. «Mit deinen und meinen und uns selbst sind wir nun zehn», sagt Barbara. «So ist die Hummelwiese eben ein bisschen dichter bevölkert.»

Das Mandala auf der Terrasse hat sich verändert. Sie betrachten gemeinsam verschrumpelte Blätter. Die Blumen hat Christiane in eine Vase gestellt, nun legen sie die wieder um die Mitte und ersetzen Blätter und Zweige durch einige Stücke, die Barbara und Tanja auf dem Weg geschnitten haben. «Stellt euch mal in einen Kreis um das Mandala», sagt Barbara. «Da ist aber noch eine große Lücke, rückt ein bisschen, dass der Kreis gleichmäßig ist. Und stellt euch dicht an das Mandala, mit dem Gesicht zur Mitte – ja –, und jetzt gehen alle drei Schritte zurück.»

Nun ist der Kreis einigermaßen geschlossen, und Barbara erklärt, was sie vorhat.

«Unser Mandala ist jetzt einfach die Mitte für einen meditativen Tanz. – Die Wasserschale im Mandala, das ist unsere Quelle. Wir machen einen Quellentanz und schöpfen uns Ruhe und Kraft aus der Quelle.» Und dann erklärt sie den Tanz.

«Erst gehen wir in Tanzrichtung, das ist immer gegen den Uhrzeigersinn – ja, in diese Richtung. Wir gehen drei Schritte vor und wippen dann einen zurück, probieren wir das mal zusammen aus! – Gut! – Das machen wir viermal, und dann gehen wir außer Takt in die Mitte, beugen uns nieder und schöpfen aus der Quelle – nicht wirkliches Wasser natürlich, wir wollen ja Ruhe und Kraft, keine nassen Hände. Wir spüren die geschöpfte Ruhe und die Kraft in uns, in unserem Herzen oder in unserem Bauch, spüren, wie sie in uns einfließt – und gehen dann wieder nach außen. Und dort verströmen wir unsere Kraft in die Welt, so die Arme ausbreiten und die Kraft nach außen verströmen. Dann stellen wir uns in Tanzrichtung zurecht, warten auf den Beginn der nächsten Strophe und den Einsatz für unsere Schritte im Kreis, wie am Anfang drei vor, einen zurückwippen. So wiederholt sich das, alle Strophen des Liedes durch. Und das probieren wir jetzt mal mit der Musik.»

Der CD-Spieler steht bereit. Barbara fingert an der Bedienung, und schon fluten die Klänge des Quellentanzes über die Terrasse in den Garten hinein. Die erste Strophe lassen sie durchlaufen, um in den Takt zu kommen, dann beginnen die Schritte …

Erstaunlicherweise klappt es schon beim ersten Versuch recht gut. Und beim zweiten Mal passiert nur Barbara selbst ein Fehler. Christiane schmunzelt. Nach dem Tanz heben sie gemeinsam das Mandala auf: Die

Meditatives Tanzen kann richtig Spaß machen

Blumen kommen in eine Blumenvase, die Steine in den Steingarten und die Blätter und Gräser auf den Komposthaufen. Ein paar Schneckenhäuser verschwinden in den Taschen der Kinder, andere finden ihren Platz im Steingarten. Drinnen erzählt Barbara noch eine Phantasiereise, dann verschwinden die Kinder im Garten, und die drei Frauen genießen ihren Kaffee.

«Weil ich herumgeschaut habe, ob alles richtig ist, war ich bei mir selbst unaufmerksam – und prompt habe ich mich vertan», sagt Barbara. «Das zeigt auch schon eine Wirkung dieser Kreistänze: Sie konzentrieren die Aufmerksamkeit. Außerdem sind sie ruhig gehalten und haben mit Ruhe und Kraft zu tun – wenigstens der Quellentanz. Natürlich gibt es auch wilde Kreistänze.»

«Mich wundert, dass die Kinder das konnten», sagt Christiane. «Markus hätte ich das nicht zugetraut, er ist sonst sehr hippelig.»

«Ja, Markus hat das sehr gut hinbekommen», bestätigt Barbara. «Beim ihm ist es so an der Grenze. Überhaupt spielt für Schrittfolgen das Alter eine Rolle. Ältere Kindergartenkinder können meist schon die Schritte unterscheiden, jüngere nicht.»

«Wo ist da die Altersgrenze?», fragt Tanja.

«Das musst du ausprobieren», sagt Barbara. «Von Kind zu Kind kann es verschieden sein. Im Kindergarten haben wir bei gemeinsamen Tänzen deshalb keine bestimmten Schritte vorgegeben. Beim Quellentanz einfach erst im Kreis gehen, solange dieser Musikteil dauert, dann in die Mitte, Ruhe schöpfen und wieder zurück – das reicht schon aus. Ältere Kinder lieben die Herausforderung durch festgelegte Schrittfolgen, da kann es gern noch wesentlich komplizierter sein. Du musst einfach schauen, was in deiner Kindergruppe geht und was nicht, und dann deine Schritte oder Tanzszenen ein bisschen darauf abstimmen.»

«Kommen denn auch unruhige Kinder mit solchen festgelegten Schritten zurecht?», fragt Tanja. «Ich meine, für sowieso ruhige Kinder ist es sicher schön, sich in einen solchen Rahmen fallen zu lassen – aber überaktive Kinder, die sowieso kaum zu halten sind …»

«In der Regel sprechen Tänze und Schrittfolgen motorisch aktive Kinder sehr an», sagt Barbara. «Warum? – Ich weiß nicht. Vielleicht ist das gerade etwas, das motorisch orientierte Kinder suchen: einen festen Rahmen, Sicherheit – und dennoch die Möglichkeit, sich auszudrücken. Solche Tänze nehmen den Bewegungsdrang auf – und leiten ihn in eine geordnete Richtung. Die Tanzordnung gibt den Kindern Orientierung und Halt – das suchen vielleicht gerade unruhige Kinder am häufigsten. Dieser Spannungsabbau in der ruhigen Bewegung, vielleicht kommt das gerade ihnen besonders entgegen.»

«Ich stell mir das sehr gut für das Gemeinschaftsgefühl vor», sagt Tanja.

«Und eben die überaktiven Kinder haben damit ja auch oft Probleme», bestätigt Barbara. «Überhaupt sind solche Tänze – neben Spielen – für die Zusammengehörigkeit gut, besonders wenn die Kinder – oder einige davon – sich sprachlich nicht so gut ausdrücken können oder wenn sie aus verschiedenen Kulturen stammen.»

«Und wenn ein Tanz mal überhaupt nicht klappen will?», fragt Christiane.

«Dann können wir lachen», antwortet Barbara, «und es wieder versuchen, vielleicht ein bisschen anders, vielleicht einfacher. Auch Tänze verändern macht Spaß!»

MEDITATIVE TÄNZE

- Meditative Tänze führen über die Aufnahme des Bewegungsdrangs und dessen Kanalisierung zu Ruhe und Entspannung.
- Grundsätzlich sind meditative Tänze für alle Altersgruppen geeignet. Jüngere Kinder im Kindergarten kommen mit festen Schrittfolgen noch nicht zurecht, Schulkinder mögen gerade diese. Je nach Alter der Kinder muss die Schwierigkeit eines Tanzes variiert werden.
- Wenn den Tanzschritten bildhafte Szenen zugrunde liegen, beispielsweise erst das Gehen um eine Quelle, dann das Schöpfen von Ruhe und Kraft aus der Quelle, dann das Verströmen der Kraft in die Welt, dann lassen sie sich am besten merken, dann regen sie die Phantasie- und Vorstellungskraft der Kinder am stärksten an – und fördern damit deren Beteiligung.
- Kreistänze setzen meist eine Teilnehmerzahl von mindestens fünf oder sechs Tänzern voraus.
- «Männertänze» sollten nicht vergessen werden! Bieten Sie auch mal einen Indianer-, einen Seeräuber- oder einen Schwertertanz

an! Da gibt es dann auch wildere Abschnitte, mit Stampfen und Klatschen. Sonst meinen Jungen: «Tanzen ist etwas für Mädchen.»

- Stück 3 auf der CD passt zum Quellentanz, Stück 7 zum Sonnen-strahltanz (Beschreibung Seite 79).
- Tänze lassen sich gut selbst gestalten, ein regelmäßig aufgebautes Musikstück und ein paar Ideen genügen. Ausgearbeitete Materialien für Kindertänze mit passenden Musiken bietet Friebel & Kunz 2000 (siehe Seite 137).

Entspannungsspiele

«Unsere Hummelwiese liegt heute im Garten», ruft Barbara den Kindern hinterher.

«Das mit der Entspannung aus der Bewegung heraus hat mir am Quel-lentanz sehr eingeleuchtet», meint Christiane, «aber was du mit ‹Ent-spannungsspielen› meinst, das versteh ich nicht.»

«Da ist es ähnlich. Es gibt Spiele, die regen an und auf, und welche, die entspannen», sagt Barbara. «Und dann gibt es noch welche, die bewir-ken beides. Bei denen geht es darum, mal sehr ruhig oder leise zu sein und mal sehr bewegt oder laut. Immer hin und her. Die finde ich am besten.»

«Warum nicht nur ruhig?», fragt Christiane.

«Durch den häufigen und bewuss-ten Wechsel von ruhig und laut, von schnell und langsam sollen die Kinder mehr Gefühl für die unterschiedlichen Stimmungen bekommen. Oft sind Kinder ja sehr laut – und sich dessen gar nicht bewusst. Durch solche Spiele entsteht Bewusstheit für laut und leise, schnell und langsam und so auch dafür, wie ich selbst gerade bin und was der Situation, in der ich bin, angemessen ist. Entspannungs-spiele üben den Wechsel und verbes-sern so die Fähigkeit, langsamer zu werden, leiser zu werden.»

Die kleinen Bären suchen nach Himbeeren

Nun sind alle im Garten. Barbara hat den CD-Spieler an der Außensteckdose eingesteckt und wählt ein Stück an. Wieder zu den Kindern gewandt sagt sie: *«Wir spielen heute Bären im Bärenwald. Stellt euch im Kreis auf, denn die Bären sind gerade aufgestanden, sie recken und strecken sich...»* – Barbara macht es vor, die Kinder machen sie nach – *«... sie bewegen sich durch den Bärenwald, was es da alles zu entdecken gibt...»* Kinder und Erwachsene gehen gemächlich im Kreis. *«Auf dem Boden sehen sie hier und da rote Erdbeeren schimmern. Da bücken sie*

sich, um ein paar zu pflücken, denn Bären essen Beeren so gern!» Barbara macht es vor. *«Und sind da nicht pralle Himbeeren an den Zweigen der Büsche? Die Bären pflücken auch diese... Unten die Erdbeeren, an der Seite und über den Bärenköpfen die Himbeeren... – Aber da merken die kleinen Bären, dass ja noch eine ganze Menge anderer kleiner Bären im Wald unterwegs ist, da müssen sie sich beeilen, damit ihnen nichts weggeschnappt wird. Und so rennen die kleinen Bären zum nächsten Himbeerfeld... Und da sind wieder die Himbeerbüsche, die kleinen*

Bären werden langsamer und pflücken sich wieder ein paar Himbeeren und auch von den süßen Walderdbeeren am Boden. – Aber was ist das? Die kleinen Bären bleiben stehen und zupfen sich am Pelz, da haben sich Dornen verfangen! Sie drehen sich einmal um sich selbst herum. – Und schon geht es weiter …»

So bewegen sie sich einige Runden, mal schnell, mal langsam, mal Erdbeeren pflückend, mal Himbeeren, mal Dornen aus dem Pelz zupfend.

«Und jetzt sind die kleinen Bären müde geworden», sagt Barbara nun. *«Sie suchen sich einen schönen Platz im Gras und legen sich hin. – Ihre Glieder sind schwer. Fühlt ihr, wie schwer ihre Glieder sind? – Und warm ist ihnen, angenehm warm. Fühlt ihr die Wärme auch in euch? – Ihr Atem geht ein und aus, ein und aus, ganz ruhig und gleichmäßig, ganz von allein. – Sie räkeln sich noch einmal bequem zurecht – und schließen die Augen. – Sie träumen.»*

Alle liegen nun ganz ruhig – nur Markus linst mal zwischen den Lidern hindurch, was denn da vor sich geht. Und Barbara erzählt eine Entspannungsgeschichte.

Die Kinder wollen anschließend im Garten bleiben, Christiane und Barbara ziehen sich zum Kaffee ins Wohnzimmer zurück.

«Ja», sagt Christiane, «das passt gut zusammen: Erst bewegen wir uns, werden dabei müde, legen uns deshalb hin und hören eine Entspannungsgeschichte. So ein Bewegungsspiel ist eigentlich eine optimale Einführung für die Entspannungsgeschichte.»

«Eine Geschichte anschließend muss nicht immer sein», sagt Barbara. «Viele Entspannungsspiele können auch für sich stehen. Wichtig ist die Abwechslung zwischen schnell und langsam, laut und leise. Und wichtig ist die Wiederholung. Solche Spiele sollten immer wieder gemacht werden.»

- Als kleine Bären im Bärenwald unterwegs: einen Schmetterling verfolgen, wie er mal schnell und mal langsam flattert. Die Bären stehen still, wenn der Schmetterling auf der Waldblume sitzt.
- Als Kätzchen auf Vogeljagd: sich anschleichen, losstürmen, langsam werden, denn der Vogel entwischt. Wieder anschleichen …
- Als Schmetterlinge im Wald unterwegs.
- Eidechsentag: In der Mitte spielt jemand die Sonne: Je höher sie steigt, umso schneller bewegen sich die Eidechsen um sie herum im Kreis. Wenn sie sinkt, werden sie langsamer.
- Regentag: Jemand erzählt von ziehenden Wolken und dem Regen, der mal schwach und mal stärker fällt. Die Kinder tippen, klopfen, patschen den Regen mit ihren Fingern und Händen und Fäusten.
- Wolken im Wind: Die Wolken treiben mal langsam, mal schnell. Wenn es gewittert, klatschen die Kinder (Blitz) und stampfen mit den Füßen (Donner).
- Bienentag: In der Mitte spielt jemand die Sonne, die aufgeht und wieder versinkt. Sobald die Sonne übern Horizont lugt, beginnen die Bienen zu summen. Die Bienenkönigin verabschiedet jede Biene durch Antippen. Die Bienen fliegen in die Welt, summen umher. Sie summen lauter, je höher die Sonne steigt, sie fliegen auch immer schneller. Wenn die Sonne zu sinken beginnt, werden die Bienen langsamer und leiser. Sinkt die Sonne unter den Horizont (versteckt das Sonnenkind sein Gesicht), kehren sie wieder zur Bienenkönigin zurück und sind ganz still.

Die Hummeln fliegen davon

«Morgen beginnt Annikas Entspannungskurs», sagt Christiane, «da ist, fürchte ich, heute das letzte Mal für uns Hummelwiese, sonst wird es zu viel.» Die Kinder sind enttäuscht. «Wir können ja einfach mal sehen», meint Barbara. «Für eine Phantasiereise zum Kaffee oder ein Spiel ist sicher auch weiterhin Zeit. – Oder für etwas zum Singen. Ich habe heute nämlich ein paar Lieder dabei!»

Natürlich sind es besondere Lieder, *Ruhelieder*, vermutet Christiane, *Gutenachtlieder*, meint Markus, obwohl doch erst Nachmittag ist, *Gestenlieder*, sagt Barbara. «Das ist jetzt einfach ein kurzes Lied, und wir machen mit den Händen eine Beschreibung dazu. Natürlich gibt's so etwas zu allen möglichen Themen, ich habe eben ein ruhiges ausgesucht.» Einmal macht sie es vor, dann sind schon alle eifrig dabei – und bereits beim dritten Versuch klappt es.

Der Schmetterling fliegt hin und her,
als wenn er schwer betrunken wär,

Die Hände bewegen sich durch den Raum, Barbaras Schmetterling macht sogar einen Überschlag.

Jetzt setzt er sich auf die Blume hin
und ist so still, wie ich es bin.

Die Hände kommen am Ende des dritten Verses zur Ruhe, liegen aneinander als zwei lockere Fäuste, Handrücken nach oben. Eine kleine Pause entsteht. Dann geht es weiter:

Jetzt öffnet er die Flügel weit
und zeigt auch uns sein buntes
Kleid.

Die Hände gehen auf, liegen offen aneinander, die Handflächen nach oben. Alle betrachten die offenen Hände.

«Das ist schön!», sagt Christiane. «Ein Gestenlied», sagt Barbara. Sie lernen noch ein paar andere Lieder, dann gibt es Kaffee für die Frauen, und die Kinder verschwinden zur Spielstunde in Annikas Zimmer.

«Gutenachtlieder, da hatte Markus schon Recht», meint Barbara beim Kaffee. «Gutenachtlieder wollen auch den Übergang vom Trubel des Tages zur Ruhe und zum Schlaf unterstützen. Singen, das ist eine Aktivität, das

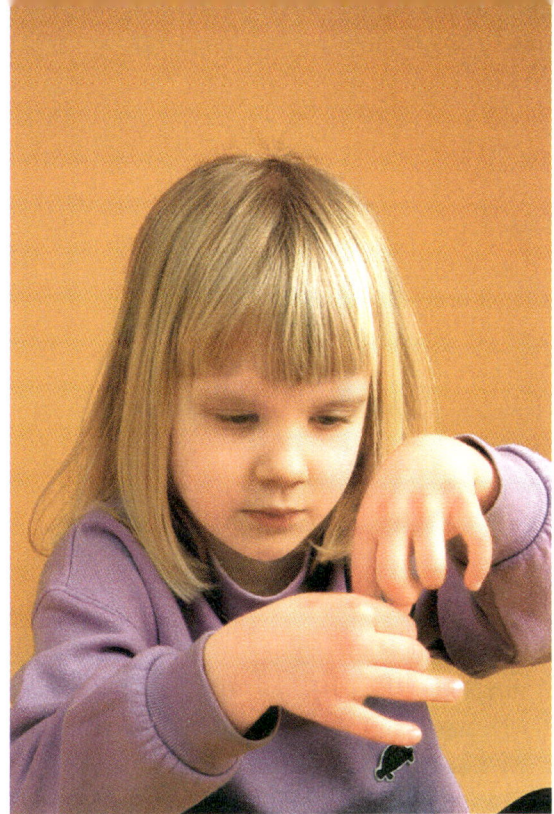

Der Schmetterling ist gelandet

irgendwie zu zeigen, sich auszudrücken durch Stimme, Bewegung,
das geht bei Erwachsenen mehr und
mehr verloren. Ich glaube, da können wir von den Kindern lernen,
und deshalb hat es mir auch immer
Spaß gemacht, mit Kindern zu arbeiten, mit Kindern zusammen zu sein –
auch wenn sie manchmal nervig
sind.»

«Wir können ja mal schauen, wie
das mit Annikas Kurs läuft», meint
Christiane. «Wer weiß, vielleicht kann
sie uns ja auch aus dem Kurs ab und
zu etwas zeigen, für unsere Hummelwiese.»

«Das wäre schön», meint Barbara
und rührt ihren Kaffee um. «Aber
weißt du was», sagt sie dann. «Neulich, als wir am Fluss nach den Stillesteinen gesucht haben, diese Familie,
erinnerst du dich?»

Christiane schüttelt den Kopf.

«Die Eltern waren voraus und
blieben stehen. Die Kinder stocherten
mit Stecken im Graben, da hatten sie
wohl etwas entdeckt. Die Mutter rief
ihnen zu: ‹Na, kommt doch, wir
wollen weiter! Was trödelt ihr wieder!›»

«Eine schöne Gelegenheit für
einen Stillemoment», sagt Christiane.
«Oder für ein Haiku, wenn du allein
unterwegs bist.»

«Was ist das?», fragt Barbara.

«Ein kurzes Gedicht, ein Dreizeiler
über die Natur – der dir erlaubt,

nimmt wieder den Aktivitätsdrang
auf, führt ihn durch die besondere
Qualität des Liedes aber zur Ruhe der
Nacht – oder zur Entspannung am
Tage. Wir haben im Kindergarten
deshalb häufig solche kurzen Lieder,
oft mit Gesten, verwendet, gerade zu
Übergängen zwischen Aktivitäten, wo
sonst die Unruhe besonders groß
ist.»

«Eigentlich singen wir viel zu
wenig», meint Christiane.

«Ja», lacht Barbara. «Für Kinder ist
das viel selbstverständlicher als für
Erwachsene. Überhaupt, sich selbst

stehen zu bleiben, innezuhalten und zu beobachten.» (Friebel 2001.)

«Da hätten die Eltern Gelegenheit für einen Stillemoment gehabt: einfach entdecken, was da im Graben ist», bestätigt Barbara. «Und waren die Eltern nicht eben wegen der Entspannung und der Natur mit den Kindern spazieren? Aber sie hatten den Blick weit vorne. Und da haben sie über ihre Planung den Sinn des Spaziergangs völlig vergessen.

Für die Kinder war es in Ordnung, einfach am Graben zu sein. Die Eltern hatten ein Ziel und einen Zeitplan im Kopf. So haben sie selbst in einen Entspannungsspaziergang wieder die Hektik hineingebracht.»

«Ich merke schon auch, dass es die Kinder beeinflusst, wie hektisch ich selbst bin – oder wie viel Zeit ich mir lasse», sagt Christiane.

«Kinder lernen von Erwachsenen», bestätigt Barbara. «Und eben nicht nur Wissen – das ist das wenigste –, sondern Einstellungen, Herangehensweisen. Oft sind Kinder mit ihrer Unruhe und Zerfahrenheit einfach nur Spiegel der Erwachsenen – keine reinen Spiegel allerdings, denn außer den Erwachsenen gibt es noch viele andere Quellen für die Unruhe der Kinder.»

«Annika hat das neulich über eine Lehrerin gesagt», meint Christiane. «Dass sie wieder so im Unterricht herumschrie, die Kinder sollten doch mal ruhig sein. – Manchmal bleibt einem ja auch gar nichts anderes übrig.»

«Oder wir meinen zumindest, es bliebe gar nichts anderes übrig. Natürlich geht es immer auch anders. Gerade im Stress neigen wir aber dazu, besonders eng und schmalspurig zu denken. Im Stress lassen wir uns viel zu sehr von der Situation leiten und von dem, was sie von uns will. Wir stehen nicht darüber, sondern viel zu weit drinnen.» Barbara nippt am Kaffee. «Weißt du, wie die Stillemomente entstanden sind? Maria Montessori schreibt irgendwo, sie habe einfach die Aufmerksamkeit der Kinder auf sich selbst gezogen – und dann nichts getan. Und die Kinder wurden ruhig.»

«Lassen statt Tun», sagt Christiane.

«Weniger tun, mehr lassen», sagt Barbara. «Raum gewähren. Und schauen, wie denn die Umgebung für die Kinder eigentlich ist, ob sie eher zu Ruhe oder eher zu Hektik führt.»

«Manches lässt sich aber einfach nicht vermeiden», sagt Christiane.

«Manches nicht», antwortet Barbara. «Aber vieles. Man kann immer ein bisschen in eine gute Richtung gehen, auch wenn es zum Goldtopf unter dem Regenbogen nicht reicht.» Die Frauen lachen. «Einfach abgespult, werden auch alle Entspannungsweisen nur zu einer neuen Version von Stress und Hektik», meint Barbara dann wieder ernst. «Das habe ich im Kindergarten wirklich gelernt: Das Wichtigste ist nicht die spezielle Methode, die ich einsetze, das Wichtigste ist, *wie* ich sie einsetze. Und dazu gehört einfach der Raum, den ich lasse. Wenn der Raum weit ist, dann können wir uns mit den Dingen wirklich beschäftigen, und dann werden wir auch die Ruhe und Kraft erfahren, die eben nicht in irgend so einer Technik liegt, sondern in uns.»

Die Tür geht auf, die Kinder stürmen hinaus in den Garten, die Hummeln fliegen davon.

Ich lausche dem Ton und werde ganz ruhig

Drei weitere Gestenlieder

Mein Stillehaus

Still, still, still
ist alles, wenn ich will.
Draußen ist es laut, o Graus!
Aber hier in meinem Haus:
Still, still, still
ist alles, wenn ich will.

Still, still, still
Den Zeigefinger vor den Mund führen.
ist alles, wenn ich will.
Die Hände bei «alles» etwas ausbreiten, bei «will» vor
sich selbst zusammenführen, aneinander gelegt.
Draußen ist es laut, o Graus!
Die Hände weit nach außen führen, öffnen.
Aber hier in meinem Haus:
Die Hände über den Kopf führen, zu einem Dach.
Still, still, still
Den Zeigefinger vor den Mund führen.
ist alles, wenn ich will.
Die Hände bei «alles» etwas ausbreiten, bei «will»
vor sich selbst zusammenführen, aneinander gelegt.

Der Täuberich

Der Täuberich sucht eine Braut,
wir klatschen mit den Händen laut.

Der Taube ist's zu viel jedoch,
wir klatschen mit den Fingern noch.

Aus Federn ist das Hochzeitskleid,
die Finger klatschen noch zu zweit.

Aus Federn ist der Hochzeitsfrack,
der letzte Finger macht noch Klack.

Im Nest ist es so warm und still,
das kann ich auch, wenn ich es will.

Quellenlied

Weite Erde,
weite Erde,
weite Erde,
fühlst du meinen Schritt?
Quelle, Quelle,
lass mich aus dir schöpfen,
bei mir halten, bei mir spüren,
und dann gehen, nichts verlieren,
und verströmen
in die Welt.

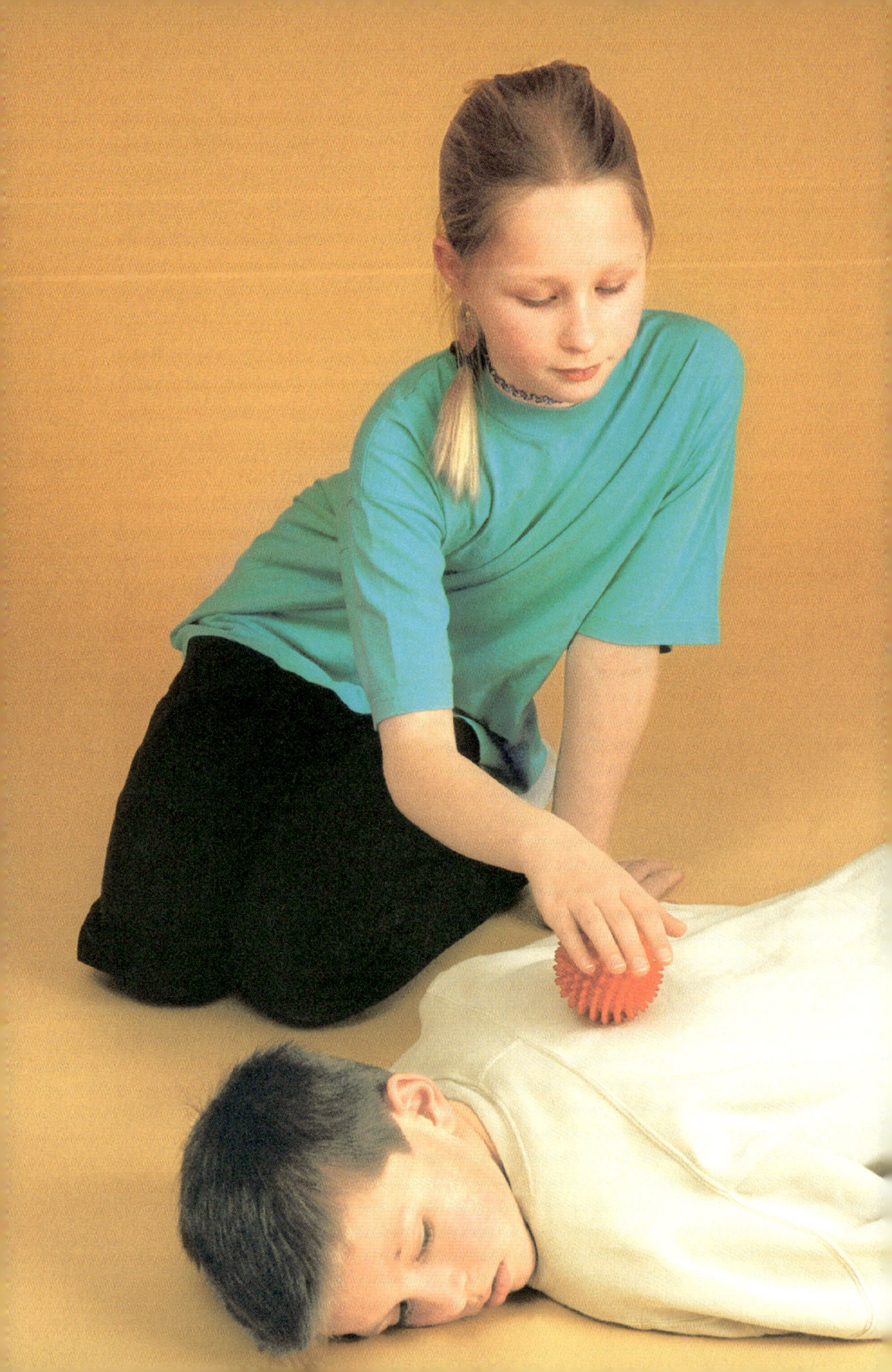

KAPITEL 2 | *Annika im Entspannungskurs*

Ehe wir Annika durch ihren Kurs begleiten, einige allgemeine Bemerkungen.

Entspannungskurse für Kinder werden von unterschiedlichen Einrichtungen angeboten, so von Volkshochschulen, Familienbildungsstätten und Psychologischen Beratungsstellen. Dort trifft sich eine Gruppe von sechs bis zwölf Kindern etwa zehn bis zwölf Wochen lang einmal pro Woche.

Bei der Gestaltung von Entspannungskursen für Kinder gibt es aber je nach Veranstalter große Unterschiede. Mancherorts sind die Übungsgruppen kleiner, manchmal wird mit zusätzlichen gymnastischen Übungen gearbeitet. Es gibt Kurse, die jeweils über eine Zeitstunde laufen, bei anderen sind es eineinhalb Stunden. Entspannungsgruppen werden für Kinder verschiedener Altersstufen angeboten. Die Altersunterschiede innerhalb einer Gruppe sollten aber nicht zu groß sein.

Bei öffentlich angebotenen Kursen handelt es sich nicht um Psychotherapie. Den Kindern werden aber durchaus Hilfen für den Umgang mit mancherlei Problemen angeboten, so bei Ängsten oder Angstbauchweh, Prüfungsangst, Schüchternheit, Konzentrations- oder Schlafproblemen. In einer Gruppe ist es allerdings nicht möglich, auf spezielle Probleme einzelner Kinder einzugehen. Das

Lernen in der Gruppe bringt aber dennoch Vorteile mit sich. So entlastet es die Kinder sehr, wenn sie feststellen, dass andere teilweise ähnliche Probleme haben wie sie selbst. Und gerade bei Kindern ist das Lernen in der Gruppe für die Übernahme der Entspannungsübungen in den Alltag wichtig.

Im Übrigen sind Entspannungskurse keineswegs nur ein Angebot für Kinder mit Problemen, sondern für jeden. Mentales Training beispielsweise machen nicht nur Sportler mit psychischen Problemen, sondern alle, die sich weiterentwickeln möchten. Zähne putzen sollten nicht nur Kinder mit Zahnproblemen, sondern alle, die Zähne haben. So ist Entspannung eine Hilfe für jeden, Kind und Erwachsenen, der mit Anspannung zu tun hat. Wie Annika. Und wie die anderen Kinder im Kurs.

1. Stunde: *Vorübungen*

Annika ist natürlich aufgeregt, als sie das erste Mal in den Entspannungskurs kommt. Schließlich kennt sie dort niemanden. Gut, dass die Mutter sie wenigstens zur ersten Stunde hinbringt! Während Frau Heyne sich noch kurz mit der Kursleiterin unterhält, schaut sich Annika neugierig um. Einige andere Kinder sind schon da. Zwei schauen zum Fenster hinaus, andere rutschen unruhig auf den Stühlen, die in der Zimmermitte im Kreis aufgestellt sind, hin und her. Na ja, Annika setzt sich erst mal dazu. Schließlich sind alle Kinder da, die Erwachsenen gehen, und es kann beginnen.

Die Kursleiterin wirkt eigentlich ganz nett. Elisabeth Lange heißt sie, oder «E-li-sa-beth». Sie hat einen Ball mitgebracht. Wer den Ball zugeworfen bekommt, redet, sagt Namen und Alter und Hobbys – die anderen sollen zuhören, bis sie selbst an der Reihe sind.

Dann fragt Frau Lange die Kinder, was denn hier im Kurs ihrer Ansicht nach gemacht werde. «Blöde, das muss die doch wissen», denkt Annika, aber nun ja, abwarten. Dass es um Entspannung geht, das ist doch klar, und das sagen auch gleich mehrere Kinder. Aber auf die Frage, was man denn eigentlich unter «Entspannung» versteht, weiß zunächst keiner so recht eine Antwort. Annika fällt zwar gleich das Zitronenbeispiel von der Hummelwiese ein – aber erst einmal abwarten.

Ein Junge erzählt, dass man sich zur Entspannung hinlegen muss. Er weiß das von seiner Mutter, die schon einen Kurs für Autogenes Training besucht hat. Und dann soll man die Augen schließen, und der Kursleiter sagt dabei etwas von Ruhigsein und auch, dass man schwer und warm ist. Ein Mädchen hat von ihrer Mutter etwas anderes gehört. Dass man während der Entspannung auf Stühlen sitzt wie sie hier jetzt auch.

Frau Lange erklärt: Entspannung kann man sowohl im Liegen als auch im Sitzen üben. Im Liegen ist es leichter zu lernen, aber man braucht es später meistens im Sitzen, zum Beispiel bei einer Klassenarbeit oder beim Zahnarzt. Da kann man sich ja nicht einfach auf den Boden legen, wenn man zu aufgeregt ist. Deshalb wird die Entspannung hier im Kurs zuerst einmal im Liegen geübt, weil es so einfach besser geht, aber nach drei oder vier Stunden zusätzlich am

Schluss jeder Stunde auch im Sitzen, allerdings in einer Kurzform, so wie es dann in der Schule am ehesten passt.

Die Kinder sollen auf jeden Fall auch außerhalb des Kurses üben, am besten jeden Tag einmal. Das erinnert Annika zwar verdächtig an Hausaufgaben, und von denen hat sie ihrer Ansicht nach schon mehr als genug – aber die ist sie auch gewohnt, und alles nimmt so schon etwas vertrautere Formen an.

Weshalb macht man überhaupt so eine Entspannung? «Um ruhiger zu werden», fällt den Kindern dazu ein. «Das ist schon richtig», bestätigt Frau Lange, «aber es ist auch mehr als das, und noch ganz anderes gehört dazu. Das soll genauer aber später erklärt werden, jetzt machen wir erst einmal etwas zur Entspannung, ein paar Entspannungsspiele, damit ihr besser wisst, über was wir hier überhaupt reden.»

Sie bittet die Kinder erst mal, paarweise zusammen zu gehen. Annika weiß nicht so recht, was sie jetzt tun soll, sie kennt doch noch keinen. «Sollen wir beide . . .», fragt da ein Mädchen, das sich vorhin als Simone vorgestellt hat. «Ja, gerne.» Annika ist erleichtert. Nun teilt Frau Lange für jedes Paar einen Stapel Bierdeckel aus. Ein Partner soll sich auf die Matte legen, während der andere die Bierdeckel auf den Körper des Partners legen darf. Dieser soll

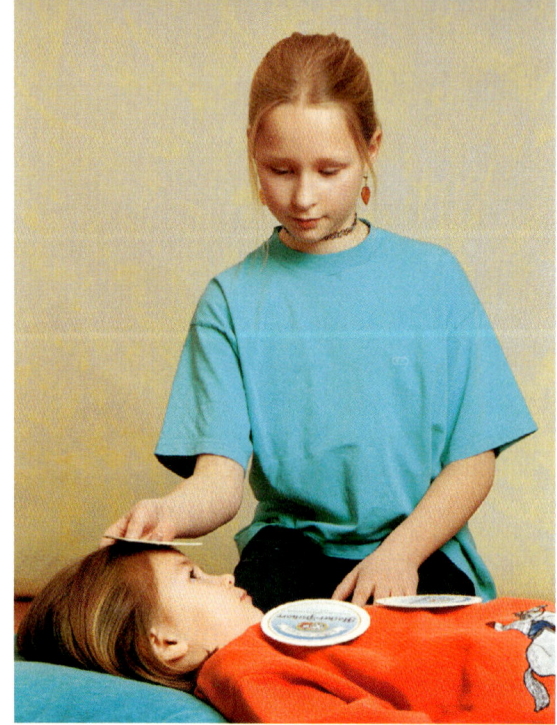

Kein Bierdeckel soll herunterfallen

ruhig liegen bleiben und so ruhig atmen, dass kein Bierdeckel herunterfällt. Dabei soll man die Augen schließen.

Annika merkt, dass dieses Spiel gar nicht so einfach ist, denn Simone legt die Bierdeckel auch auf Annikas Fußspitzen und auf die Stirn. Da ist es ganz schön schwer, nicht den Atem anzuhalten, sondern ganz ruhig weiterzuatmen. Aber Annika schafft es, kein Bierdeckel fällt herunter. Frau Lange lobt alle Kinder, weil sie so ruhig liegen und schön ruhig atmen. «Ihr seid ja schon richtig gut im Entspannen», freut sie sich, und Annika ist ein bisschen stolz. Danach werden die Rollen getauscht, und Annika legt nun die Bierdeckel auf Simone. Auch die anderen Kinder strengen sich sehr an, sodass Frau Lange wieder zufrieden ist.

Bei der nächsten Übung dürfen die Kinder wieder als Paare zusammenbleiben. Jetzt teilt Frau Lange für jedes Paar einen stacheligen Gummiball aus, sie nennt ihn Igelball. Ein Kind soll jetzt dem anderen den Igelball über den Körper rollen. Der liegende Partner soll die Augen geschlossen haben, und der Partner mit dem Ball muss immer wieder fragen, an welchem Körperteil der Ball gerade ist. Diesmal darf Simone zuerst liegen, und Annika rollt mit dem Ball über ihren Körper. Das ist ganz schön lustig, weil Simone so kitzlig ist und ständig kichert. Manchmal muss Simone ziemlich lange überlegen, ehe sie herausbekommt, wo auf ihrem Körper der Ball gerade ist, ob er gerade über das rechte Knie fährt oder über das linke. Nach einer Weile ist Annika dran. Sie muss auch lachen, wenn Simone zum Beispiel mit dem Ball über ihre Fußsohlen streicht. Aber eigentlich ist es sehr angenehm, dazuliegen und sich massieren zu lassen.

Nach dieser Übung sitzen wieder alle im Kreis. Annika fühlt sich nun schon viel wohler als am Anfang, denn neben ihr sitzt ja Simone. Frau Lange holt jetzt für jeden einen bunten Wollfaden aus ihrer Tasche, an dem unten ein kleines Ringchen hängt.

«Den Wollfaden nehmt ihr jetzt zwischen Daumen und Zeigefinger», beginnt sie, «– nein, nicht den Ring, sondern das andere Ende, da, wo ein kleiner Knoten ist.» Annika tastet – richtig, da ist ein Knoten im Wollfaden. «Dann stützt ihr den Ellenbogen auf, dass ihr einen guten Halt habt», fährt Frau Lange fort, «– im Stuhlkreis geht das am besten auf dem Knie: den Ellenbogen also auf das Knie, die Hand hält den Faden am Knoten, und das Ringchen baumelt über der Erde.» Annika späht herum – alle haben es hinbekommen –, aber Frau Lange spricht weiter: «Und nun konzentriert ihr euch auf das kleine Ringchen und stellt euch vor, dass es sich im Kreis bewegt.»

«Wie soll denn das gehen», wundert sich Annika, aber sie betrachtet aufmerksam den Ring und stellt sich genau vor, wie er sich nach rechts im Kreis herum bewegt. Und tatsächlich: Nach kurzer Zeit beginnt der Ring im Kreis zu schwingen. Auch von den anderen Kindern hört man erstauntes Gemurmel. Alle schauen auf Frau Lange, die selbst noch ihren schwingenden Ring betrachtet. Dann aber erklärt sie:

«Wenn ihr euch eine Bewegung denkt, dann bewegt euer Körper – ohne dass ihr es merkt – kleine

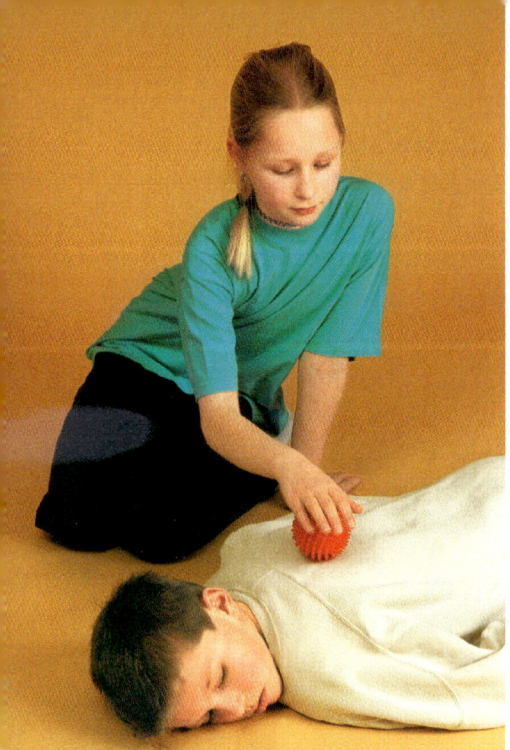

Wo ist der Igelball jetzt?

Muskeln in eurem Arm, die den kleinen Ring zum Schwingen bringen. Ihr denkt also etwas, und es tut sich etwas in eurem Körper. So funktioniert das auch mit dem Autogenen Training, das wir in den nächsten Stunden zusammen lernen werden. Bei den Übungen stellt ihr euch nämlich vor, dass ihr ganz ruhig werdet oder ganz schwer und warm. Und weil ihr euch das vorstellt, wird euer Körper mit der Zeit wirklich ganz ruhig, schwer und warm.»

Zum Abschluss holt Frau Lange noch einige weiße Kärtchen hervor. Jedes Kärtchen hat sie mit dem Namen eines Kindes beschrieben.

Und jetzt zieht sie aus ihrer Tasche Aufkleber heraus: Kleeblätter, Pilze, Tiere, Blumen, einfach alles ist da zu finden. «Am Ende der Stunde kann sich jeder ein Bild auf seine Karte kleben – aber immer nur eines», erklärt Frau Lange. Gleich ist ein Gedränge um die besten Aufkleber. Die Karten sammelt Frau Lange dann wieder ein.

«Wer Lust hat, kann das Bierdeckellegen und die Igelballmassage auch zu Hause mit den Eltern oder Geschwistern probieren», meint Frau Lange. «Statt Bierdeckel kann man kleine Pappkärtchen oder auch Blätter benutzen, und statt Igelball geht auch ein Tennisball. Wer möchte, kann sich auch so ein Ring-Pendel basteln. Dazu braucht man einen Wollfaden von etwa 20–30 cm Länge und einen Finger- oder Gardinenring, den man unten dranhängt. Der Ring sollte allerdings ein wenig schwer sein. Unterlegscheiben vom Baumarkt funktionieren auch gut.»

Die Pendelübung will Annika auf jeden Fall zu Hause ihren Eltern zeigen. Die werden vielleicht Augen machen! Vielleicht wird sie auch mal die Massageübung ausprobieren, Tennisbälle hat ihre Freundin Jasmin.

Schade, dass die erste Kursstunde schon vorbei ist, die ist ja wie im Flug vergangen, findet Annika. Sie freut sich schon auf die nächste Woche.

2. Stunde: *Ruheübung*

Gleich zu Anfang der Stunde möchte Frau Lange nochmal die Namen aller Kinder wiederholen, denn bestimmt konnte sich keiner vom letzten Mal alle Namen merken. Dazu hat sie sich ein Spiel ausgedacht. Einer im Stuhlkreis sagt seinen Namen und macht dazu eine Handbewegung. Der nächste muss dann diesen Namen mit der Handbewegung wiederholen und anschließend seinen eigenen Namen mit Handbewegung hinzufügen. So geht das weiter reihum. Manche Handbewegungen sind doch zu komisch, am Ende lachen alle – aber Annika stellt fest, dass sie die Namen der Kinder jetzt viel besser kennt.

Frau Lange erklärt, dass sie heute den ersten Teil des Autogenen Trainings kennen lernen werden: die Ruheübung. Sie möchte wissen, ob sie sich aus der letzten Stunde noch an das Spiel mit dem Ring erinnern können. «Na klar», ruft gleich ein Junge, «ich habe die Übung zu Hause mit meinen Eltern probiert. Die haben vielleicht gestaunt.» – «Hat sich denn noch jemand so ein Ring-Pendel gebastelt?» Jetzt rufen mehrere Kinder durcheinander und erzählen, mit wem sie die Übung zu Hause gemacht haben. Da freut sich Frau Lange sehr und fragt nach, ob sie noch wüssten, wie man sich das Schwingen des Pendels erklären könne.

«Ich denke mir etwas, und mein Körper tut es dann auch», meint Simone. Mit dieser Antwort ist Frau Lange schon sehr zufrieden. «Und wenn ich mir denke, ich könnte fliegen», fragt Tobias gleich, «schafft mein Körper das dann auch?» Jetzt lachen alle, aber Frau Lange meint, das sei eine sehr gute Frage. Sie erklärt dann, dass der Körper nur die Dinge tut, die er auch tun kann, und fliegen könne kein Mensch – dazu fehlten ihm die Flügel. Diese Erklärung kommt Annika leider gleich sehr bekannt vor. Frau Lange fährt fort: «Aber ruhig oder konzentriert sein, das kann jeder. Stellt man sich also vor, dass man ganz ruhig wird, dann kann der Körper auch ruhiger werden. Und das wollen wir heute zusammen ausprobieren.»

Zuerst gibt es ein Spiel. Alle laufen im Raum herum wie ganz unruhige, nervöse und zappelige Menschen. Dann sagt Frau Lange: «Stopp, und jetzt gehen wir wie ganz ruhige, entspannte Menschen.» Puh, das ist schon viel schwieriger, aber am Ende

Weltmeister im Entspannen

ist Frau Lange zufrieden und staunt, wie entspannt und ruhig sie herumschlendern können. Danach sollen sich alle auf den Boden legen, und zwar auf die mitgebrachten Decken und das kleine Kopfkissen, am besten auf den Rücken, die Arme und Hände seitlich neben dem Körper.

«Ich liege aber lieber auf der Seite», meint Florian. «Und ich auf dem Bauch», sagt Kathrin. «Man kann auch auf der Seite und auf dem Bauch liegen, wenn man sich entspannen will oder wenn man abends im Bett liegt», meint Frau Lange, «hier im Kurs wollen wir aber immer so liegen, wie wir es in der ersten Stunde beim Bierdeckellegen gemacht haben, denn so lernt man das Autogene Training am besten.»

Es gibt noch einiges Hin und Her, bis alle richtig liegen. Frau Lange hat schon die Vorhänge zugezogen, sodass es jetzt im Zimmer richtig heimelig duster, aber nicht zu dunkel ist. Dann beginnt Frau Lange zu sprechen:

«Ihr liegt jetzt ganz ruhig da, die Arme neben dem Körper, wir machen jetzt die Entspannung. Die Augen schließt ihr am besten, wen das aber stört, der kann sie auch erst einmal offen lassen und später schließen. Hört auf das, was ich euch jetzt vorspreche. Hört aber nicht einfach nur zu, sondern versucht, euch alles, was ich sage, ganz genau vorzustellen.»

ENTSPANNUNGSTEXT RUHE

Gesprochen vom Übungsleiter, ruhig und klar (siehe Stück 8
auf der CD):

*«Deine Arme werden jetzt ganz ruhig, und deine Beine werden ganz
ruhig. Dein Gesicht wird ruhig, und deine Augen werden ganz ruhig.
Die Augenlider werden schwer, ganz schwer.*

*Und du lässt dich treiben, immer weiter treiben, immer tiefer in die
Ruhe und in die Entspannung hinein, einfach treiben, weitertreiben, ganz
ruhig und entspannt.*

Du bist ganz ruhig und sagst dir in Gedanken drei Mal:

‹Ich bin ganz ruhig … Ich bin ganz ruhig … Ich bin ganz ruhig.›»

Ein paar Sekunden ist es ganz ruhig, nur das Blättern von Seiten ist zu hören, dann liest Frau Lange noch eine Geschichte vor, eine Inselgeschichte (siehe Seite 122). Darin wird Annika von einem Schmetterling an einen Fluss geführt. Der Schmetterling läutet mit einem Glöckchen nach dem Fährmann, einem Biber, und der fährt sie mit einem Floß zur Insel hinüber. Und wie die Insel genau aussieht, das muss sich jeder selber ausdenken. Also, ein großer Berg und Kokospalmen gehören bei Annika unbedingt dazu. Und ein Strand, wo man liegen und faulenzen kann. Und eine große Höhle, die sich Annika mit allem einrichtet, was ihr gefällt.

Dann ist auch die Geschichte zu Ende, und Frau Lange sagt laut: *«So, jetzt ballt die Hände zur Faust und reckt und streckt euch tüchtig, die Entspannung ist zu Ende.»* Alle rappeln sich wieder auf, und die Vorhänge werden zurückgezogen.

Frau Lange fragt noch, wie es denn war, ob sich alle die Ruhe gut vorstellen konnten, ob sie gut zur Insel gekommen sind, ob jemandem irgendetwas besonders aufgefallen ist. Über die Insel erzählen die meisten etwas. Simone sagt auch, dass es ihr in den Händen so komisch gekribbelt hat. Andere nicken dazu. Frau Lange meint, das sei in Ordnung, es sei zwar nicht die Entspannung, aber ein Anzeichen dafür. Dann werden die Decken und Kissen zusammengepackt.

Während die letzten Kinder noch ihre Decken verstauen, werden Blätter und Farbstifte ausgeteilt. Es geht darum, die Insel zu malen oder auch die Wiese, den Schmetterling, den Biber, das Floß – irgendetwas aus der Geschichte auf jeden Fall. Einige Kinder maulen, andere freuen sich, alle aber sitzen bald über ihren Blättern.

Dann ist das Malen zu Ende. Wer noch nicht fertig ist, kann zu Hause weitermachen. Jedem Kind wird ein Hefter gegeben, dort soll das Blatt hinein. Ein anderes Blatt mit der Kurzformel für die Ruheübung ist schon eingeheftet. «Ich bin ganz ruhig, meine Arme und meine Beine sind ganz ruhig», liest Annika. Darüber ist ein Bild von einer Katze, die gemütlich zusammengerollt daliegt. «Das Ruhe-Kätzchen könnt ihr zu Hause noch anmalen», sagt Frau Lange. Den Hefter sollen die Kinder in jede Kursstunde mitbringen. Alle Blätter aus dem Kurs sollen dort hinein.

Während die Kinder ihre Insel-Blätter einheften, holt Frau Lange schon mal die weißen Kärtchen und die Aufkleber. Da geht gleich wieder ein wildes Suchen nach dem schönsten Aufkleber los.

Ach, aber Hausaufgaben gibt es auch. Einmal am Tag üben, am besten abends im Bett vor dem Einschlafen, sagt Frau Lange. Und auf dem Blatt im Hefter stehen die Kurzformeln. Dann ist auch schon die zweite Kursstunde zu Ende.

3. STUNDE: *Schwere*

Heute beginnt die Stunde für Annika sehr schön. Frau Lange sagt, dass sie zu Beginn einen meditativen Tanz probieren wollen. Und den kennt Annika schon von der «Hummelstunde» zu Hause: Es ist nämlich der Quellentanz. In die Mitte stellt Frau Lange eine schöne Schale mit Wasser. Dann zündet sie eine kleine Schwimmkerze an und lässt sie auf dem Wasser treiben. Das sieht schön aus, und allen wird ein wenig feierlich zumute. Frau Lange zeigt die Schritte erst selbst und übt sie dann mit den Kindern ein. Und dann erklingt die bekannte Musik ... (Stück 3 auf der CD, Tanzbeschreibung Seite 48.)

Es ist wirklich nicht schwer und macht viel Spaß. Felix fragt Frau

Lange, ob sie in der nächsten Stunde wieder so einen Tanz hätten. «Wenn euch das Spaß macht, gerne», meint Frau Lange, und alle setzen sich wieder in den Kreis.

Jetzt fragt Frau Lange, ob sie zu Hause die Ruheübung gemacht hätten. Einer nach dem anderen erzählt nun. Simone hat die Übung ganz allein jeden Abend im Bett probiert, Annika hat sie sich von ihrer Mutter vorsprechen lassen. Florian hat vergessen zu üben. Alle überlegen gemeinsam, was man tun könnte, um die Übung zu Hause nicht zu vergessen. Tobias schlägt vor, dass sich jeder einen Merkzettel schreibt, den er dann zu Hause über sein Bett hängen kann. «Das ist eine gute Idee, Tobias», freut sich Frau Lange, und sie schreiben gleich so einen Zettel.

«Ihr wisst doch», beginnt Frau Lange dann, «dass Tiere unterschiedlich schwer sind. Was für schwere Tiere gibt es denn?»

Das ist eine leichte Frage! Alle möglichen Antworten schwirren gleich durch den Raum: Elefanten, Bären, Kängurus, Wale, Büffel, Dinosaurier, Löwen, Nilpferde, Riesenschildkröten und vieles andere.

«Gut, und um diese schweren Tiere geht es in unserem ersten Spiel. Wir räumen den Stuhlkreis jetzt weg, und ihr versucht, euch wie diese

Schwergewicht

schweren Tiere zu bewegen. Trampelt schwer wie ein Elefant, stolziert würdig und mächtig daher wie ein Löwe, stampft wie ein großes und schweres Nilpferd! Ihr könnt schon anfangen, alle durcheinander. Und versucht, gegenseitig zu erraten, was für ein Tier der andere nachmacht! Die passenden Geräusche könnt ihr auch machen, damit man sie besser erkennt. Aber ja nicht den Namen verraten!»

Am Anfang geht es noch etwas zögernd, weil sich keiner so recht traut. Aber schon bald rennen, hüpfen und kriechen alle möglichen ganz,

ganz schweren Tiere über den Teppichboden. Und der Lärm wird immer größer. Frau Lange ist mit Stuhlaufräumen fertig und versucht nun mitzuraten, was für Tiere die Kinder nachmachen. Wer erraten wurde, scheidet aus, rät bei den anderen aber weiter mit. Viele Tiere sind schnell erkannt, aber für die beiden letzten brauchen sie eine ganze Weile und viele Fragen: Ein Leopard und ein Gepard waren das!

Dann fängt die Entspannung an.

Zuerst erklärt Frau Lange noch die verschiedenen Körperteile, um die es gleich gehen soll: «Damit ihr sie euch auch vorstellen könnt.» Darüber, was das Gesicht, die Augenlider, die Arme und der Bauch sind, gibt es keine Meinungsverschiedenheiten. Mit dem Unterschied zwischen den Beinen und den Füßen ist es schon anders. Und einigen ist offenbar gar nicht klar, was denn die Waden sind. «Und nun legt euch alle auf den Rücken, die Arme ausgestreckt neben dem Körper, die Beine auch ausgestreckt und nebeneinander, nicht übereinander.»

Und nun geht's los:

«Ihr liegt jetzt ganz ruhig da, die Arme neben dem Körper, wir machen jetzt die Entspannung. Die Augen schließt ihr am besten. Hört auf das, was ich euch jetzt vorspreche. Hört aber nicht einfach nur zu, sondern versucht, euch richtig in das hinein-zuversetzen, was ich sage, dabei richtig mitzumachen. Wenn ich nachher also zum Beispiel vorspreche: ‹Du bist ganz schwer›, dann versucht, euch ganz schwer zu machen, so schwer wie das Tier, das ihr vorher gespielt habt, oder noch schwerer. Es kommt jetzt also zuerst die Ruheübung dran und gleich anschließend die Schwereübung. Danach erzähle ich euch noch eine Entspannungsgeschichte. Dabei bleibt ihr einfach in der Entspannungshaltung liegen, ja, so auf dem Rücken.»

Dann spricht Frau Lange über Ruhe und Schwere. Annika versucht, sich alles gut vorzustellen, was sie hört. «Stell dir vor, so schwer zu werden wie das schwere Tier, das du gespielt hast», sagt Frau Lange dabei auch. Und Annika stellt sich ihr Nilpferd vor, mit all seinem Gewicht.

ENTSPANNUNGSTEXT SCHWERE

Zuerst spricht der Kursleiter die Ruheübung (siehe Seite 71), daran anschließend die Schwereübung:

«Deine Arme werden jetzt schwer, ganz schwer. Die Oberarme werden schwer, ganz schwer, und die Unterarme werden schwer, ganz schwer, und deine Hände werden schwer, ganz schwer. Deine Arme werden immer schwerer und schwerer.

Und du lässt dich treiben, immer weiter treiben, immer tiefer in die Ruhe und in die Entspannung hinein, einfach treiben, weitertreiben, ganz ruhig und entspannt.

Deine Beine werden jetzt schwer, ganz schwer. Die Oberschenkel werden schwer, ganz schwer, und die Waden werden schwer, ganz schwer, und die Füße werden schwer, ganz schwer.

Arme und Beine werden immer schwerer und schwerer.

Und du lässt dich treiben, immer weiter treiben, immer tiefer in die Ruhe und in die Entspannung hinein, einfach treiben, weitertreiben, ganz ruhig und entspannt.

Du bist ganz schwer und sagst dir in Gedanken drei Mal:

‹Ich bin ganz schwer … Ich bin ganz schwer … Ich bin ganz schwer.›»

Nach dem Entspannungstext kommt wieder eine Geschichte. Diesmal geht es um eine Weinbergschnecke – Annika muss innerlich lachen –, die schnellste Schnecke der Welt (siehe Seite 126). «Ruhig und still geht's, wie ich will», sagt Annika noch leise vor sich hin, dann ist die Entspannung zu Ende.

«So, jetzt ballt die Hände zur Faust und streckt euch tüchtig.» Alle rappeln sich wieder auf, und die Vorhänge werden zurückgezogen.

Frau Lange fragt noch, wie es denn war, ob sich alle die Ruhe und Schwere gut vorstellen konnten. Sie will auch wissen, ob sich die Kinder noch an den Merkspruch aus der Geschichte erinnern könnten. Annika darf den Spruch nochmal wiederholen: «Ruhig und still geht's, wie ich will.» – «Das hast du dir aber gut gemerkt», lobt Frau Lange. «Wozu könnt ihr den Spruch denn gebrauchen?» Da haben die Kinder viele Ideen. Einige meinen, dass man den Spruch bestimmt gut in der Schule verwenden kann, beispielsweise wenn es vor einer Klassenarbeit sehr laut ist und man selbst auch schon ganz unruhig wird.

Frau Lange schlägt vor, dass die Kinder den Spruch nächste Woche mal ausprobieren sollten, wenn sie sich gerade sehr unruhig und hippelig fühlen. Sie sollten dann kurz die Augen schließen, dreimal tief aus- und tief einatmen und sich innerlich den Spruch sagen. «Und damit ihr das nicht vergesst, darf sich jeder den Spruch auf ein kleines Kärtchen schreiben, das auch ins Schulmäppchen passt.»

Das Beste aber ist, dass Frau Lange noch kleine goldene Klebebuchstaben mitgebracht hat, die die Kinder als Initialen auf ihre Kärtchen kleben dürfen. Jeder hat dann ein richtiges Zauberkärtchen.

Jetzt bekommt jeder noch den Übungszettel für zu Hause. Heute steht die Schwereübung drauf. Und als Bild ein Elefant, den man daheim anmalen kann. Dieses Blatt wird wieder in den Hefter eingeordnet. Dann holen sich alle Kinder noch einen Aufkleber für ihr Namenskärtchen.

«Wir haben heute sogar noch ein bisschen Zeit übrig», meint Frau Lange, als wir mit den Kärtchen fertig sind, «wie wär's, wenn wir noch ein Spiel machen würden, vielleicht eins mit Bewegung?» – «Nochmal den Quellentanz», ruft ein Mädchen. «Ja, der war so schön», ein anderes. «Also gut», lacht Frau Lange, «da habe ich jetzt auch Lust drauf.» Und so endet die heutige Stunde mit unserem Quellentanz.

4. Stunde: Wärme

Frau Lange hat wieder den Ball mitgebracht und wirft ihn dem ersten Kind zu. Jeder soll berichten, wie es zu Hause ging, ob er sich die Ruhe und Schwere gut vorstellen konnte. Probiert haben es diesmal alle, sogar Tobias hat daran gedacht.

«Heute», beginnt Frau Lange, «lernen wir die Wärmeübung des Autogenen Trainings. Erst einmal überlegen wir aber, was denn alles ‹warm› sein kann. Ihr wisst doch, das letzte Mal habt ihr euch bei der Schwere vorgestellt, irgendein schweres Tier zu sein. Was kann man sich denn bei ‹Wärme› vorstellen?»

«Sonne», ruft ein Junge. «Am Strand liegen», meint ein Mädchen. Auch Annika hat eine Idee. «In der Badewanne im warmen Wasser liegen», ruft sie. «Oder mit einer Wärmflasche auf dem Bauch so vor sich hin träumen», ergänzt Frau Lange. Noch ein paar andere Sachen werden genannt, Annika wird es jetzt schon immer wärmer dabei. Dann beginnt wieder die Entspannung.

Die Stühle werden weggeräumt, die Vorhänge vorgezogen, alle holen ihre Decken und Kissen und breiten sie aus. Frau Lange erklärt noch einmal die verschiedenen Körperteile, die in der Entspannung drankommen werden. Als alle Kinder ruhig liegen, spricht Frau Lange den Entspannungstext, die Ruhe, die Schwere, und dann kommt der neue Teil dran, der mit der Wärme.

Der Kachelofen strahlt kuschelige Wärme aus

ENTSPANNUNGSTEXT WÄRME

«Stell dir vor, du liegst auf einer weiten Wiese. Um dich herum wiegt sich das weiche Gras im Wind, und viele bunte Blumen blühen. Der Himmel über dir ist tiefblau, die Sonne scheint, und es ist angenehm warm. Du spürst die Wärme der Sonne auf dir.

Du spürst die Wärme der Sonne auf deiner Haut und in deinem ganzen Körper. Du spürst die Wärme in deinen Oberarmen, wohlige Wärme in deinen Oberarmen. Und du spürst die Wärme in deinen Unterarmen, wohlige Wärme in deinen Unterarmen. Und die Wärme strömt in deine Hände und bis in deine Fingerspitzen hinein, wohlige Wärme in deinen Fingerspitzen.

Deine Arme sind warm, deine Oberarme sind warm, deine Unterarme, deine Hände, bis hinein in deine Fingerspitzen, sind warm. Du fühlst die Wärme der Sonne in deinen Armen.

Und die Wärme strömt weiter durch deine Brust und in deinen Bauch, und du spürst die Wärme der Sonne in deinem Bauch. Dein Bauch ist warm, wohlige Wärme durchströmt deinen Bauch.

Und die Wärme strömt weiter zu deinen Beinen. Und du spürst die Wärme in deinen Oberschenkeln, wohlige Wärme durchströmt deine Oberschenkel. Und die Wärme strömt weiter zu deinen Waden, wohlige Wärme durchströmt deine Waden. Und die Wärme strömt weiter zu deinen Füßen und bis in die einzelnen Zehen hinein, wohlige Wärme durchströmt deine Füße.

Deine Beine sind warm, ganz warm, wohlige Wärme strömt von den Oberschenkeln über die Waden zu den Füßen, bis in deine Zehen hinein.

Deine Arme sind warm, dein Bauch ist warm, deine Beine sind warm. Wohlige Wärme durchströmt deinen ganzen Körper.

Du bist ganz ruhig und entspannt. Du lässt dich treiben, immer weiter treiben, in die Ruhe und in die Entspannung hinein.

Du bist ganz warm und sagst dir in Gedanken drei Mal:

‹Ich bin ganz warm ... Ich bin ganz warm ... Ich bin ganz warm.›

Du bist ruhig, schwer und warm. Immer weiter treibst du und treibst du, immer weiter in die Ruhe und in die Entspannung hinein.»

Nach der Übung, die diesmal schon ziemlich lang ist, erzählt Frau Lange wieder eine Geschichte. Die handelt von einem Teppichhändler, der sich auf seinem fliegenden Teppich verflogen hat, weil er sich so schlecht konzentrieren kann. «Also können manche Leute doch fliegen», denkt sich Annika und muss grinsen.

Als alle wieder im Stuhlkreis sitzen, fragt Frau Lange, ob sie die Ruhe, Schwere und Wärme empfinden konnten. Manche berichten, dass sie sich jetzt ganz warm fühlen, Felix hat auch richtig rote Backen bekommen. Andere haben zwar die Ruhe und die Schwere, aber die Wärme noch nicht so stark empfunden. «Das ist nicht schlimm», sagt Frau Lange, «die meisten Menschen brauchen ein bisschen Übung, bis sie die Wärme richtig gut spüren. Ist euch sonst noch etwas aufgefallen?» Bei Simone hat's in den Händen so komisch gekribbelt, und bei Tobias hat ein Bein gezuckt. Frau Lange meint wieder, darauf sollten sie nicht so achten. Das sei am Anfang des Autogenen Trainings bei vielen Kindern und Erwachsenen so, würde aber einfach verschwinden, wenn sie weiterübten. Und dieses Kribbeln oder Muskelzucken sei auch ein Zeichen dafür, dass wir mit dem Üben schon etwas erreichen könnten, wenn auch noch immer nicht ganz das, was wir möchten.

Nach dieser Gesprächsrunde meint Frau Lange, jetzt würde ein wenig Bewegung sicher gut tun. «Wir haben die Wärmeübung kennen gelernt und so viel über Wärme gesprochen, da könnten wir doch einen Sonnentanz machen.» Schnell sind die Stühle weggeräumt. Frau Lange erklärt die Schritte und macht sie vor: mit dem rechten Fuß vier Schritte zur Mitte und gleich rückwärts wieder vier Schritte zurück. Dann zwei Schritte vor und zwei zurück, dann nur noch vor- und zurückwiegen, dann einen Schritt nach rechts und den linken Fuß nachsetzen: So haben die Kinder auf einem Sonnenstrahl getanzt und besuchen nun den nächsten. Von Sonnenstrahl zu Sonnenstrahl geht es weiter, bis zum Ende der Musik. Das ist diesmal schon schwieriger als beim Quellentanz, aber mit Musik (Stück 7 auf der CD) geht es gut.

Anschließend fragt Frau Lange noch: «Geht es euch auch manchmal so wie dem Teppichhändler? Dass ihr euch schlecht konzentrieren könnt?» Na, da weiß natürlich jeder etwas zu berichten, vor allem aus der Schule. «Aber Konzentrieren kann auch Spaß machen», meint Frau Lange. «Ich beweise es euch», sagt sie geheimnisvoll. «Am besten, wir machen gleich ein Konzentrationsspiel.»

«Ich packe meinen Koffer und

nehme mit …», heißt das Spiel. Annika kennt es schon. Und zwar soll es nach Afrika gehen. Sonja ist als Erste dran. «Ich packe meinen Koffer und nehme mit: eine Armbanduhr», sagt sie, dann geht es weiter im Kreis. Als die Runde bis zu Annika gekommen ist, ist es schon nicht mehr so einfach. «Ich packe meinen Koffer und nehme mit: eine Armbanduhr, eine Machete, ein Pferd, ein Lasso, einen Hubschrauber, ein Gewehr, eine Streichholzschachtel, ein Telefon und …», jetzt kommt ihr eigener Gegenstand dran, sie überlegt, «… und die Katze Milli, damit sie mir bei den Löwen hilft.» Zweimal im Kreis geht es herum, dann beginnt eine neue Runde.

Annika findet, dass Frau Lange Recht gehabt hat, sich konzentrieren macht bei diesem Spiel wirklich Spaß. Sie erklärt noch, dass man die Konzentration mit dem Autogenen Training verbessern kann und dass sie uns das in der nächsten Stunde zeigt.

Dann ist die Stunde um, ein Blatt zur Wärmeübung mit einer großen Sonne darauf wird ausgeteilt und die Namenskärtchen, und jeder sucht sich einen Aufkleber aus.

BEGLEITERSCHEINUNGEN DER ENTSPANNUNG

Während der Entspannung kommt es häufig zu körperlichen Erscheinungen, die zum Teil mit der physiologischen Umschaltung des Nervensystems auf den Entspannungszustand zusammenhängen, zum Teil als Abreaktion angestauter Spannungen interpretiert werden. Obwohl die Mehrzahl dieser Reaktionen nicht angestrebt wird, sollte man sie nicht einfach als unerwünschte Nebenwirkungen betrachten, sagen sie uns doch, dass sich mit unseren Übungen tatsächlich etwas bewegt.

Begleiterscheinungen können während jeder Übung auftreten, am häufigsten sind sie bei der Schwereübung. Sie treten vor allem zu Beginn des Autogenen Trainings auf, mit zunehmender Übung verschwinden sie mehr und mehr oder werden weniger als unangenehm oder belästigend wahrgenommen. Dies hängt sicher auch damit zusammen, dass die Übenden lernen, sie als harmlos und sogar als Anzeichen für die sich einstellende Entspannung zu betrachten.

Die häufigsten Begleiterscheinungen sind Kribbeln, Muskelzucken vor allem in Armen oder Beinen, Schmerz- oder Kreislaufempfindungen, Taubheits- oder Spannungsgefühle.

Diese Begleiterscheinungen kommen nicht bei jedem und natürlich nicht in jeder Übungsstunde vor. Da sie aber, wenn sie unerwartet auftreten, vom weiteren Üben abschrecken können, sollte man das Kind von Anfang an auf diese Möglichkeit aufmerksam machen und gegebenenfalls näher darauf eingehen.

Werden die Begleiterscheinungen zu unangenehm (das ist sehr selten), kann das Kind die Entspannung einfach etwas zurücknehmen, dazu beispielsweise die betroffene Hand bewegen, zur Faust ballen – und weiterentspannen, wenn es gut ist.

5. STUNDE:
Kurzübung für den Alltag

Ein Regentag, es schüttet in Strömen. Annika ist froh, als sie endlich im Trockenen steht und die nasse Jacke ausziehen kann. Sonja und Tobias fehlen, vielleicht sind sie krank. Auch Annika hatte in der letzten Woche ein paar Tage lang ziemlichen Schnupfen. Das sagt sie in der Runde auch gleich, weil sie deshalb nicht üben konnte. Simone und Frau Lange erzählen, dass sie auch erkältet waren.

Am Anfang möchte Frau Lange noch einmal wiederholen, welche Übungen in den letzten Stunden dran waren. Da gehen gleich alle Hände hoch, denn jeder kennt inzwischen die Übungen und weiß auch die Reihenfolge: erst die Ruhe, dann die Schwere und Wärme, dann eine Geschichte und am Schluss das «Zurücknehmen», wie Frau Lange das nennt, das Fäusteballen und Sich-Strecken. Frau Lange betont nochmal, dass das «Zurücknehmen» der Übung nur tagsüber notwendig ist, damit man für den Rest des Tages wieder frisch und munter wird. Macht man die Übung abends im Bett, ist es nicht nötig, denn da will man ja sowieso anschließend schlafen. «Eigentlich logisch», denkt Annika.

Nach der Runde kommt die Entspannung und anschließend wieder eine Geschichte. Diesmal handelt sie vom Schlummerland (siehe Seite 132). In diesem Land schlafen die Leute ständig, und die Schüler der vierten Klasse sitzen immer noch vor der Aufgabe: $1+1=$? An dieser Stelle müssen alle lachen. Den Spruch der Geschichte: «Frisch und wach, ein Fisch im Bach», murmelt Annika noch ein paar Mal vor sich hin, denn den will sie sich gut merken.

Als die Sachen weggepackt sind und der Stuhlkreis wieder steht, kommt ein Spiel dran. Frau Lange möchte wieder ein Konzentrationsspiel machen, diesmal aber mit Zahlen. Alle sollen reihum durchzählen, bei jeder Zahl aber, die 3 enthält oder durch 3 teilbar ist, heißt es «Hopp». Vergisst einer das «Hopp», geht die Runde wieder von vorne los. Annika findet das ganz schön schwierig, und den anderen Kindern geht's genauso. Meist schaffen sie nicht mal eine einzige Runde, denn immer vergisst irgendwer das «Hopp». Frau Lange meint, bei solchen schwierigen Konzentrationsaufgaben sei Entspannung ganz nützlich. Das kann sich Annika zuerst

gar nicht vorstellen, denn man kann doch nicht während des Spiels auf dem Boden liegen und eine Übung machen.

Frau Lange sagt, dass man deshalb zusätzlich eine kurze Entspannungsübung im Sitzen braucht, denn im Alltag möchte man sich auch mal zwischendurch entspannen, beispielsweise in der Schule, wenn man einen Test schreiben soll, oder zu Hause, wenn man sich auf seine Schulaufgaben konzentrieren will.

Frau Lange zeigt, wie man sich am besten hinsetzt: voll auf den Stuhl, hinten leicht angelehnt, beide Füße mit den Sohlen auf dem Boden, die Hände auf die Oberschenkel legen.

Das angelehnte Sitzen

Dass Sitzen so kompliziert sein kann! Schließlich sitzen alle halbwegs so, wie Frau Lange es unbedingt will, und die Entspannung beginnt.

«Schließt die Augen oder schaut auf einen Punkt auf dem Boden vor euch», sagt Frau Lange und fährt dann fort: *«Ich bin ganz ruhig, meine Arme und meine Beine sind ganz ruhig. – Ich bin ganz schwer, meine Arme und meine Beine sind ganz schwer. – Ich bin ganz warm, meine Arme und meine Beine sind ganz warm.»* Jeweils drei Mal wird das Ganze wiederholt, dann kommt das «Zurücknehmen». Alle strecken sich einmal kräftig, dann ist die Entspannung im Sitzen zu Ende.

«Das sind genau die Sprüche von unseren Zetteln», sagt Alexander. «Richtig», bestätigt Frau Lange. «Und so könnt ihr die Entspannung auch im Sitzen üben, das machen wir jetzt immer am Ende der Stunde. – Jetzt wollen wir das Konzentrationsspiel von vorhin einfach wiederholen, aber davor macht jeder für sich die Entspannung im Sitzen. Ihr bekommt dafür ein bisschen Zeit, dann fangen wir an.»

Alle sitzen jetzt ruhig auf den Stühlen, haben die Augen geschlossen und sprechen sich innerlich die Kurzübung vor. Einer nach dem anderen wird fertig und macht das «Zurücknehmen». Dann beginnt das Konzentrationsspiel. Annika und

Die Königshaltung

die anderen Kinder können es fast nicht glauben: Ganze drei Runden schaffen sie, ohne dass jemand das «Hopp» vergisst. Sogar Frau Lange ist beeindruckt. «Jetzt habt ihr selbst gemerkt, dass man sich nach einer Entspannung viel besser konzentrieren kann. In der nächsten Stunde besprechen wir, wie ihr die Kurzübung in eurem Alltag einsetzen könnt.»

Die Grundübungen des Autogenen Trainings

Ruhe, Schwere, Wärme: das sind die Grundübungen des Autogenen Trainings. Diese Übungen werden auch bei Kindern immer eingesetzt. Inwieweit der Einsatz der weiteren Übungen des Autogenen Trainings bei Kindern sinnvoll ist, darüber bestehen unterschiedliche Auffassungen. Manche Kursleiter belassen es bei diesen Grundübungen, andere führen auch alle anderen Übungen ein, das sind die so genannten Organübungen zu Atem, Bauch (Sonnengeflecht), Herz und Stirn.

Dietrich Langen führt als Gründe für die von ihm auch für Erwachsene empfohlene Beschränkung auf die Grundübungen Folgendes an:

1. Die Grundübungen sind leichter zu erlernen.
2. Die physiologischen Vorgänge, auf die sich die Organübungen beziehen, treten bei Erlernen der Grundübungen auch spontan auf.
3. Die Verwirklichung der Stirnkühle sei ohnehin mehr ein psychologisches Phänomen.
4. Die Enttäuschung wegen manchmal nicht gelingender Organübungen (vor allem der Herzübung) führt oft zum Abbruch des gesamten Autogenen Trainings.
5. Durch Beschränkung auf die Grundübungen steht mehr Zeit für die wichtige formelhafte Vorsatzbildung (bei Kindern: für die Merksprüche) zur Verfügung.

Nach der Entspannung ist noch Zeit für ein Spiel. Als Erstes fragt Frau Lange einmal im Kreis herum: Was tue ich besonders gern und was besonders ungern? Das soll jeder beantworten. Annika meckert gleich über die vielen Hausaufgaben. Aufräumen und Hausaufgaben machen, das gefällt den meisten nicht. Aber vieles von dem, was den meisten gefällt, hat mit Sport und Bewegung zu tun.

Nun soll jeder etwas von dem, was er gern oder ungern tut, vorspielen – aber ohne etwas dabei zu sagen. Das hat Annika noch nie probiert, und

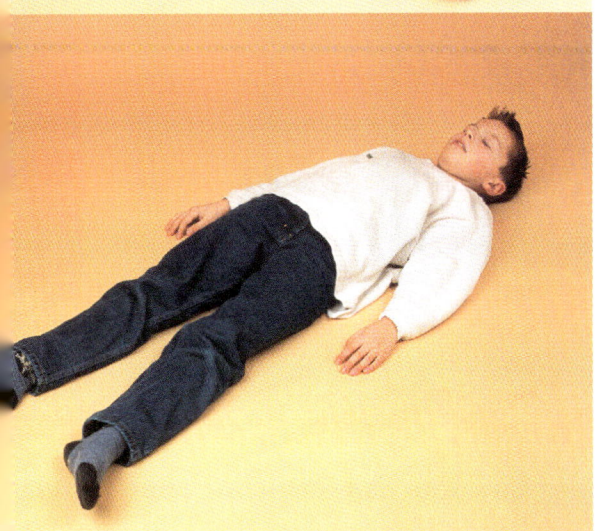

auch von den anderen traut sich keiner. Da macht Frau Lange etwas vor. Sie hält eine Faust ans rechte Ohr und bewegt die Lippen, als würde sie reden, bleibt aber natürlich stumm. Und dabei verzieht sie dauernd das Gesicht. «Telefonieren!», rufen mehrere Kinder fast gleichzeitig. «Richtig», sagt Frau Lange und lacht. «Gern oder ungern?», fragt Thomas, der immer alles genau wissen will. «Ungern», sagt Frau Lange, und der Nächste ist dran. Matthias steht auf und tritt mit dem Fuß ungestüm in der Luft herum. Klar, «Fußball», rufen gleich alle.

«Ihr könnt euch auch absprechen und zu zweit etwas vorspielen», sagt Frau Lange. Und jetzt entsteht eine richtige Warteschlange fürs Vorspielen, Frau Lange muss aufpassen, dass sich kein Paar vordrängelt.

Der Rest der Stunde vergeht wie im Flug. Diesmal beeilt sich Annika, um an ihr Kärtchen und einen guten Aufkleber zu kommen. Sie erwischt einen wunderschönen grünen Frosch unter einer Blume.

ENTSPANNUNGSHALTUNGEN

Die Übungen lassen sich im Liegen, im angelehnten Sitzen und in der so genannten Königshaltung durchführen. Die Kleidung sollte nicht zu sehr einengen, stramme Gürtel beispielsweise sollte man vorher lockern, enge Schuhe oder Stiefel ausziehen. Die Augen sollten bei allen Haltungen geschlossen sein. Wenn das Kind die Augen aus Angst oder aus anderen Gründen zunächst nicht schließen möchte, sollte man aber nicht darauf bestehen.

Im Liegen lässt sich das Autogene Training am besten erlernen. Diese Haltung wird deshalb bei Anfängerkursen meistens gewählt. Die Übertragung auf die Alltagssituation, zum Beispiel auf die Situation vor einer Klassenarbeit, ist aber schwierig. Deshalb sollte auch im Anfängerkurs nach den ersten Stunden eine Sitzhaltung zumindest vorgestellt werden. Je nach Raumtemperatur und Bedürfnis können kleine Kopfkissen und Decken zum Zudecken verwendet werden.

Geübt wird in der Rückenlage. Die Arme liegen leicht angewinkelt neben dem Körper, die Beine sind etwas gespreizt. Zur Seite fallende Fußspitzen sind ein gutes Zeichen für Entspannung. Es hat sich bewährt, auf die Einhaltung der Rückenlage (nicht unbedingt auf alle Einzelheiten dabei) zu bestehen. Auch wenn Kinder zunächst äußern, sie könnten beispielsweise besser auf der Seite liegen, so zeigt sich doch schnell, dass sie das nicht durchhalten. Die vom Bett oft gewohnte Seitenhaltung klemmt auf Matten oder dem Teppichboden den Arm ein, die Rückenhaltung gelingt dort wesentlich besser.

Das *angelehnte Sitzen* ist jedem vertraut, muss also nicht erst lange eingeübt werden. Die Augen sind geschlossen. Die Unterarme sollten auf der Armlehne liegen, wenn eine solche vorhanden ist. Ansonsten ruhen sie auf den Oberschenkeln, wobei die Fingerspitzen nach unten, vom Körper weg in Richtung Knie zeigen, damit die Durchblutung der Hände und Finger erleichtert wird. Die Arme überkreuzen oder berühren sich nicht. Die Beine sind etwas gespreizt, die Sohlen berühren möglichst mit der ganzen Fläche den

Boden. Das Sitzen sollte so bequem wie möglich sein. Bequemlichkeit geht über die Einhaltung der Regeln, diese sollen nur Richtlinien sein. Diese Haltung führt zur Ruhe.

Bei der **Königshaltung** sitzt man ganz vorne auf dem Stuhl, und zwar völlig aufrecht, also ohne sich anzulehnen. Der Kopf wird aufrecht gehalten, die Arme ruhen auf den Oberschenkeln, die Füße stehen etwa hüftbreit fest auf dem Boden, die Augen sind geschlossen. Diese Haltung ist besonders geeignet, wenn man sich innerlich sammeln, sich konzentrieren will, so vor geistigen Aktivitäten wie den Hausaufgaben. Sie macht wach und aufnahmebereit.

Auch **andere Haltungen** sind für die Durchführung des Entspannungstrainings geeignet. Eher von historischer Bedeutung ist die *Droschkenkutscherhaltung*, die im ursprünglichen Autogenen Training noch empfohlen wurde. Man sitzt dabei vorne auf einem Stuhl, ähnlich wie bei der Königshaltung, lässt aber den Oberkörper nach vorne abkippen, während die Unterarme auf den Oberschenkeln ruhen. Das Gleichgewicht und damit eine gewisse Stabilität findet man durch leichtes Hin- und Herschaukeln. Diese Haltung erfreut sich heute keiner großen Beliebtheit mehr, da sie den Oberkörper zusammendrückt, was das freie Atmen erschwert. Außerdem entsteht durch den herunterhängenden Kopf ein starker Zug in der Nackengegend, was viele Menschen als unangenehm empfinden.

Der bei Meditationsübungen oft eingenommene *Lotossitz* ist schwierig zu erlernen und wird deshalb üblicherweise nicht empfohlen. Wer mit solchen besonderen Sitztechniken aber bereits Erfahrungen hat und in den gekreuzten Beinen ein gutes Körpergefühl besitzt, kann auch diese Haltung einsetzen. In der Gruppe ist es aber am besten, sich auf eine für alle geltende Haltung zu einigen.

6. STUNDE: *Anwendungsbereiche von Entspannung*

In der Ballrunde erzählen alle, dass sie geübt haben, aber nicht alle täglich. Auch im Sitzen haben es nicht alle ausprobiert. Sowieso gehe es im Liegen besser. «Das klappt bald auch im Sitzen gut», meint Frau Lange. «Wir üben es heute wieder am Ende der Stunde, dann lernt ihr das schnell so gut wie die Entspannung im Liegen.»

Frau Lange erinnert daran: «Letztes Mal habe ich versprochen, dass es heute auch darum gehen soll, wozu man Entspannung einsetzen kann. Was meint ihr denn? Wozu kann man sie gebrauchen?»

«Um konzentrierter zu werden», meint Tobias.

«Um besser einschlafen zu können», sagt Annika.

«Beim Zahnarzt», fällt Tanja noch ein.

«Ja», sagt Frau Lange, «und das hängt doch alles auch mit Aufregung oder mit Angst zusammen. Man ist nicht ruhig und nicht entspannt, weil man aufgeregt ist oder vielleicht vor etwas Angst hat. Einschlafen kann man vielleicht auch einmal nicht, wenn man Angst hat, vielleicht vor

einer Klassenarbeit am nächsten Tag. Und der Zahnarzt – na, das ist ja klar.»

«Kommt», fährt sie dann fort, «wir machen noch einmal eine Ballrunde, und jeder, dem der Ball zugeworfen wird, der sagt, vor was er manchmal Angst hat.»

Nochmal geht es im Kreis. Die meisten haben Angst vor Klassenarbeiten. Was für Klassenarbeiten,

... hilft auch bei Bauchweh

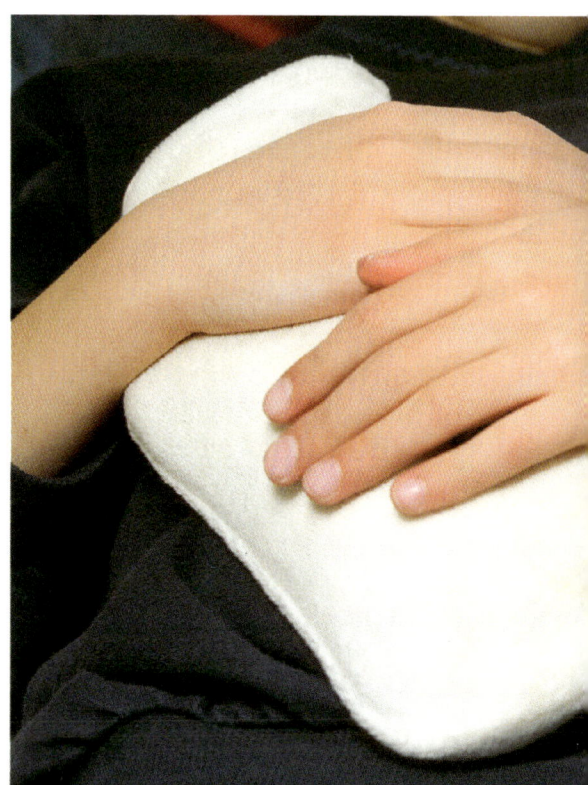

das ist schon wieder eine andere Sache. Beim einen ist es das Deutschdiktat, beim anderen der Mathetest.

Aber nicht nur Klassenarbeiten werden genannt. Melanie hat auch Angst vor großen Hunden. Und Sonja wird es immer gleich schwindlig und bange, wenn sie auf einem Turm steht oder auch nur aus einem Fenster im zweiten Stock schaut. Tanja kommt natürlich wieder mit ihrem Zahnarzt. Tobias erzählt, wie es ihm nachts manchmal unheimlich wird, wenn das Fenster gekippt ist und ein Windstoß in die Gardinen fährt. Was er denn dann mache, fragt Frau Lange. «Ach», meint er, «dann liege ich eben ganz still und beobachte die Gardinen ganz genau, dann sehe ich ja, dass es nur Gardinen sind. Aber einschlafen kann ich meistens doch nicht gleich.» Anderen Kindern geht es ähnlich. Annika berichtet, dass sie dann am liebsten zu ihren Eltern ins Wohnzimmer kommt. Aber die haben das nicht so gern, deshalb wartet sie, solange es nur geht. Und oft schläft sie dann ja auch ein.

ANWENDUNGSBEREICHE DER ENTSPANNUNG

Entspannungsmethoden wie das Autogene Training finden in vielen Bereichen Anwendung. Am häufigsten genutzt wird es als Breitbandverfahren in der Gesundheitsvorsorge. Auch bei einer Vielzahl von Einzelproblemen kommt es unspezifisch, das heißt ohne speziellen Zuschnitt auf das vorhandene Problem, zur Anwendung. Begründet wird ein solcher unspezifischer Einsatz damit, dass heute eine Vielzahl von psychischen Problemen und körperlichen Erkrankungen auf Stress zurückzuführen ist. Entspannung aber wird vorrangig als eine Möglichkeit zum besseren Umgang mit Stress angesehen. Entspannung kann nämlich in der Stresssituation selbst helfen. Und regelmäßig durchgeführte Entspannung kann zu einer gelasseneren Lebenseinstellung führen.

Speziell eingesetzt wird Entspannung vor allem bei Angst, Konzentrationsschwierigkeiten, Schlafstörungen, Überaktivität und Zappeligkeit sowie bei psychosomatischen Erkrankungen. Auch beispielsweise bei Lernstörungen, Asthma, Aggressivität und Kopfschmerz werden Erfolge berichtet.

Nicht vergessen sollte man die schöpferischen Potenziale von Ruhe und Entspannung. Gerade Phantasiereisen mit ihrer Aufforderung zum Mitgestalten können eigenes kreatives Potenzial aktivieren und so etwas zurückbringen, das vielen in der Tretmühle des Alltags verloren gegangen ist.

«Gegen Angst kannst du schon etwas machen», sagt Frau Lange. «Da ist einmal die Entspannung. Gleichzeitig Angst haben und entspannt sein – das geht nicht. Also solltest du versuchen, eine Entspannung zu machen, wenn du merkst, dass es gleich kritisch wird. Hat man erst einmal Angst, dann nützt die Übung oft nichts mehr. Aber probieren kann man's auch dann natürlich noch.

Und dann sind da noch die Sprüche. – Was für Sprüche waren denn bisher in unseren Geschichten?», fragt Frau Lange.

«Konzentriert geht's wie geschmiert» und «Ruhig und still geht's, wie ich will», rufen gleich mehrere Kinder auf einmal. «Frisch und wach, ein Fisch im Bach», ergänzt Annika.

«Heute wird es einen neuen Spruch geben», verspricht Frau Lange. «Diese Sprüche könnt ihr nämlich auch einsetzen gegen Angst oder wenn ihr euch besonders konzentrieren wollt. Ihr macht dazu einfach im Sitzen die Kurzübung, die

letztes Mal dran war, und sagt dann ein paar Mal euren Spruch. So, und jetzt machen wir wieder die Entspannung im Liegen. Diesmal gibt es einen Spruch gegen Angst.»

Nach der Entspannung kommt diesmal die Geschichte von einem ängstlichen Kätzchen (siehe Seite 123). «Nicht verzagen, auch was wagen», sagt sich Annika noch ein paar Mal innerlich vor, als die Entspannung vorbei ist und sie ihre Decke wieder zusammenrollt. Frau Lange schlägt einen Tanz vor, und bald tanzen sie die Blätter von Gänseblümchen.

Dann kommt die Kurzübung im Sitzen dran, die sie in der letzten Stunde gelernt haben. Anschließend wird in der Runde gemeinsam überlegt, bei welchen Gelegenheiten man diese Übung mal versuchen könnte. Annika wird sie in der Schule ausprobieren, zufällig schreibt sie gerade nächste Woche eine Mathearbeit. Sie wird sich dann auch den Merksatz gegen die Angst vorsprechen. «Nicht verzagen, auch was wagen», probt sie schon mal. Fast freut sie sich auf die Arbeit, damit sie ihre Entspannung probieren kann.

Viel Zeit ist nicht mehr, so lange hat diesmal die Runde am Anfang gedauert. Gerade, dass es noch für zwei Runden «Ich packe meinen Koffer und nehme mit ...» reicht. Dann ist die Stunde zu Ende, alle rennen zu ihren Aufklebern und gehen anschließend wieder hinaus in den Regen.

7. STUNDE: *Atemübung und Phantasiegeschichten*

Nach der Anfangsrunde fragt Frau Lange: «Wer hat denn einen Spruch gegen Angst ausprobiert?» Das hat außer Annika noch keiner. Sie hat sich den Spruch vor der Mathearbeit gesagt und diesmal ein bisschen weniger gezittert als sonst. Vielleicht ist sie deshalb auch ganz mit der Arbeit fertig geworden, anders als sonst. Die Note weiß sie noch nicht, wahrscheinlich hat sie sich ein paar Mal verrechnet, aber sie ist trotzdem stolz. Frau Lange fragt gleich nach, welche anderen Sprüche es noch gegen Angst geben könnte.

Erst kommt nur der Spruch vom letzten Mal: «Nicht verzagen, auch was wagen.» – «Na, gut gegen Angst ist doch Mut», meint Frau Lange. «Mut reimt sich auch auf gut. Da lässt sich doch sicher ein Spruch draus machen!» – «Mut ist gut!», ruft Felix. «Mit Mut geht's gut!», schlägt Sonja vor.

«Sehr schön», sagt Frau Lange. «Da haben wir einige schöne kurze Sprüche, die gut zu merken sind. Und solche Sprüche probiert doch einmal aus, so wie Annika, wenn ihr wegen irgendetwas Angst habt. Beim Zahnarzt, vor einer Klassenarbeit, wenn ihr gerade nicht mehr weiterkommt auch *in* einer Klassenarbeit, wenn euch nachts im Bett unheimlich ist oder wenn ihr euch vor irgend sonst etwas fürchtet. Zusammen mit der Entspannung wirkt es am besten. Ihr wisst doch, diese kurze Übung, für die ihr die Entspannungsformeln aufgeschrieben habt. Erst die Entspannung durchführen, dann ein paar Mal den Spruch vorsagen. Aber wenn ihr dafür

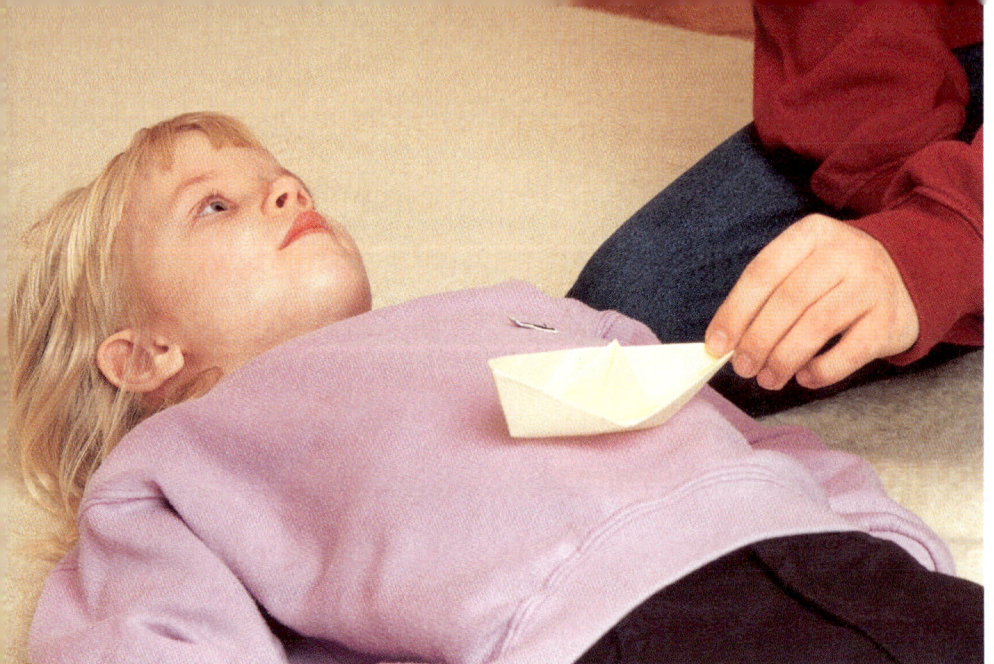

zu wenig Zeit habt, dann reicht auch der Spruch alleine, der ist ja ganz kurz.»

Jetzt fragt sie reihum, wer die Kurzübung mit Merkspruch in der nächsten Woche wo und wann einsetzen könnte. Das schreibt sie sich auf, damit sie in der nächsten Stunde genau danach fragen kann.

Dann sollen sich alle an die Tische setzen und ein kleines Papierschiffchen falten. Frau Lange sagt, wie es geht. Tobias schreibt auf seines den Namen: *Tobi 1*. Anschließend kommt die Entspannung dran, mit etwas Neuem zum Atem. Dazu legen sich alle auf ihre Decken am Boden und setzen sich ihr Schiffchen auf den Bauch. Annika staunt, wie sich das Schiff mit ihrem Atem auf und ab bewegt. Wenn sie ganz ruhig atmet, geht es am besten. Aber nun beginnt die ganze Entspannung, mit der Ruhe, der Schwere, der Wärme und neu nun dem Atem dazu, und dann kommt wie immer eine Geschichte. Das kleine Schiff bewegt sich die ganze Zeit auf dem Bauch.

ATEMÜBUNG

Die Konzentration auf den *Atem* kann als isolierte Übung erfolgen oder in andere Übungen mit einfließen. Letzteres empfiehlt sich besonders, wenn Kinder mit Atembeschwerden (zum Beispiel Asthma oder chronischer Bronchitis) in einer gemischten Gruppe sind. Bei solchen Kindern ist die Atmung oft angstbesetzt und damit vorbelastet. In solchen Fällen kann die Atemformel kurz in die Gesamtübung eingestreut werden, zum Beispiel mit den Worten:

«Dein Atem ist ganz ruhig, du lässt dich treiben, einfach treiben ...»

Verwendet man zusätzlich das Vorstellungsbild von einem Boot, das auf den Wellen schaukelt, so kann bei den Kindern meist eine schnell zunehmende Lockerung beobachtet werden. Wichtig: Der Atem wird nur beobachtet, nicht etwa bewusst verändert.

Bei Gruppen, in denen kein Kind durch Asthma oder Ähnliches beeinträchtigt ist, kann die Atemübung gleich als isolierte Übung eingeführt werden. Die Formel, an die Wärmeübung angehängt, kann den Wortlaut haben:

«Dein Atem geht jetzt ganz ruhig und gleichmäßig, er hebt und senkt sich wie ein Boot auf den Wellen. – Du bist jetzt ganz ruhig und sagst dir in Gedanken:

‹Mein Atem geht ganz ruhig und gleichmäßig.

Mein Atem wiegt mich.›»

«Jetzt brauche ich wieder Bewegung», findet Frau Lange, und gleich sind alle dafür. Geschwind holt sie Luftballons aus dem Nebenzimmer und erklärt das Spiel. Alle Ballons sollen in der Luft bleiben, keiner darf den Boden berühren. Das gibt ein Durcheinander, aber es macht riesigen Spaß. Wie jede Stunde wird anschließend die Kurzentspannung im Sitzen durchgeführt, und Frau Lange erinnert noch an die Hausaufgabe. Jeder soll die Kurzentspannung mit einem Merkspruch ausprobieren.

Danach teilt Frau Lange die Zettel mit der Atemübung aus. Diesmal sind ein Boot und Wellen darauf zu sehen. Annika will sich für morgen mit Simone verabreden, dann können sie das Bild vielleicht gemeinsam anmalen. Zum Schluss noch der Aufkleber – und alle stürmen hinaus.

8. STUNDE: *Merksprüche*

«Ich hab's vor dem Deutschdiktat versucht», berichtet Thomas beim Ballzuwerfen am Anfang der Stunde. «Aber zwei Fehler hab ich trotzdem gemacht.»

«Lernen lässt sich durch die Entspannung natürlich nicht ersetzen», sagt Frau Lange. «Aber oft macht man bei Arbeiten doch Leichtsinnsfehler, weil man Angst hat und sich einfach nicht konzentrieren kann. Und das geht mit der Entspannung schon besser. – Und *wie* hast du es versucht, Thomas?»

«Also, bevor wir angefangen haben, hab ich mich ganz ruhig hingesetzt und die Entspannung gemacht, mit ‹Ich bin ganz ruhig, ich bin ganz schwer, und ich bin ganz warm›. Und den Spruch vorgesagt hab ich mir auch.»

«Welchen?»

«Mit Mut geht's gut. Und während des Diktats hab ich mir den Spruch nochmal vorgesagt.»

Auch Felix hat es ausprobiert, aber beim Zahnarzt. «Da war so eine Lampe, und da hab ich immer reingeschaut und mir vorgesagt: ‹Ich bin ganz ruhig und schwer und warm.› Warm war mir aber sowieso schon. Und ‹Mit Mut geht's gut›, das hab ich mir dauernd vorgesagt.»

«Und wie ging es?»

«Der Zahnarzt hat eben gebohrt. Das hat gar nicht so weh getan. Aber danach, als ich fertig war.»

«Da hast du also gespürt, dass du den Schmerz tatsächlich beeinflussen kannst», meint Frau Lange.

«Welche Sprüche kennt ihr denn aus den Geschichten oder sonst woher?», fragt Frau Lange. «Mit Mut geht's gut», sagt Thomas. «Konzentriert geht's wie geschmiert» und «Frisch und wach, ein Fisch im Bach», rufen gleichzeitig Simone und Tobias. «Ruhig und still geht's, wie ich will», meint Annika. Und «Nicht verzagen, auch was wagen», fällt Tanja ein.

So kann ich mir meinen Lieblingsspruch merken

«Und damit ihr die Sprüche nicht gleich wieder vergesst, schreiben wir sie jetzt auf!» Dann bekommt jeder noch ein kleines Blatt, auf dem der Lieblingsspruch steht. Das wird noch mit Aufklebern, Initialen und Bildern verziert und soll dann ins Mäppchen oder in die Hosentasche für die Schule und unterwegs.

Entspannungsgeschichten und Merksprüche

Entspannungsgeschichten sind die wichtigste Ergänzung zu den Übungen des Autogenen Trainings. Bei größeren Kindern ergänzen die Geschichten die eigentliche Entspannung und verhelfen dem Kind zu einem vertieften Ruheerlebnis. Bei Kindergartenkindern können die Übungen selbst vollkommen in die Geschichte eingebettet sein.

Sinnvollerweise werden die Geschichten so gewählt, dass sie zum Thema der Stunde passen. So können die Organübungen des Autogenen Trainings durch eine Geschichte mit dem Thema «Reise durch den Körper» (siehe Seite 130) ergänzt werden. Auch verschiedene Bewältigungsmöglichkeiten für mögliche körperliche und psychische Probleme der Kinder lassen sich in die Geschichte einarbeiten. So kann die Hauptperson der Geschichte in eine schwierige Situation geraten, Angst bekommen, aber sich selbst durch den Einsatz von Entspannung und eines hilfreichen Merkspruchs daraus befreien. So lernen die Kinder beispielhaft, wie sich Entspannung und andere psychologische Hilfen bei konkreten Alltagsproblemen einsetzen lassen.

Merksprüche, so banal sie oft klingen, sind ein wichtiges Element beim Autogenen Training für Kinder. Auch die Entspannung selbst wird über solche Sprüche gelernt. «Ich bin ruhig, schwer und warm», wie es in der kürzesten Fassung heißt.

Diese Sprüche entsprechen etwa dem, was man in der Oberstufe des Autogenen Trainings für Erwachsene «Vorsatzbildung» nennt. Für ein bestimmtes Problem, zum Beispiel Angst, wird ein Spruch mit bewältigender Aussage gesucht. Dieser Spruch wird dann in der Entspannungsübung oder auch in der Situation, um die es geht, eingesetzt.

Bei Erwachsenen wird Wert darauf gelegt, dass im Laufe des Kurses jeder seinen eigenen Spruch findet, am besten erfindet. Bei Kindern sollte man Sprüche vorgeben, aus denen sie sich dann passende aussuchen können. Günstig ist es, solche Sprüche über eine Entspannungsgeschichte einzuführen. Unsere Sprüche reimen sich alle, weil sie so besser zu merken sind. Wichtiger als der Reim ist aber, dass die Sprüche kurz, prägnant, positiv gehalten und von bewältigendem Charakter sind. «Positiv gehalten» meint, dass beispielsweise ein Spruch über Angst nicht etwa nur die Aussage «Angst ist schlecht», sondern eine Aussage von der Art «Mut ist gut» haben sollte.

Hier einige Merksprüche aus unterschiedlichen Quellen:

- Mit Mut geht's gut.
- Nur ruhig Blut, dann geht's gut.
- Ruhig und still geht's, wie ich will.
- Konzentriert geht's wie geschmiert.
- Ich weiß, ich kann – ich bleibe dran.
- Den Faden nicht verlieren, ich kann mich konzentrieren.
- Frisch und wach, ein Fisch im Bach.
- Wenn ich will, ist alles um mich still.
- Genau geschaut und dann getraut!
- Schau! – Langsam und genau!
- Tief innen ist alle Kraft drinnen.
- Augen wach, denk erst nach.
- Überlegen, dann sich regen.
- Ich hab die Kraft, die alles schafft.

In der Geschichte heute geht es um einen Igel (siehe Seite 125). Annika mag Igel. Das Schlimme ist nur, dass sie am Schluss der Geschichte richtig hungrig wird, als der Igel ein Schälchen mit Obst bekommt und sie nicht. Und die Stunde ist noch nicht zu Ende.

Diesmal schlagen die Kinder ein Spiel vor. Florian erklärt: «Also, da brauchst du eine Trommel und einen Ball. Jemand stellt sich so auf, dass er die anderen nicht sieht, und trommelt. Und die anderen lassen den Ball herumgehen, so im Kreis. Und der eine trommelt eben und trommelt. Und wenn er aufhört, dann scheidet der aus, der den Ball gerade hat. Und der steigt dann auf den Stuhl. Die anderen aber machen weiter, bis nur noch zwei übrig sind. Die haben dann gewonnen.»

«Ihr müsst also schauen, dass ihr den Ball möglichst schnell weitergebt, wenn ihr ihn zugeworfen bekommt», ergänzt Frau Lange. Sie holt eine kleine Trommel aus dem Schrank, und Sonja darf trommeln.

Da ist was los! Leider muss Annika gleich als Erste auf ihren Stuhl. Frau Lange und Tobias sind die Sieger. Aber als Tobias dann trommelt, kommt Annika viel weiter und hätte sogar fast gewonnen, wenn ihr am Schluss, als sie nur noch zu dritt waren, nicht der Ball aus den Händen gesprungen wäre.

Nach dem Spiel ist dann die Entspannung im Sitzen dran. Und diesmal gehe die etwas anders als bisher, erklärt Frau Lange. «Ich sage jetzt wieder die Entspannungsformeln. Sprecht sie innerlich nach wie bisher. Aber heute sagt ihr euch dann noch so einen Merkspruch vor. Jeder sucht sich einen aus von denen, die wir vorher aufgeschrieben haben.»

Dann kommt also wieder die Kurzentspannung im Sitzen mit den Sprüchen für Ruhe, Schwere und Wärme. Und dann kommt der eigene Spruch. «Mit Mut geht's gut», sagt sich Annika vor. Nachher fragt Frau Lange noch, was denn jeder für einen Spruch genommen habe.

Zum Schluss gibt es noch die Aufkleber, und die Stunde ist zu Ende.

9. Stunde: *Bauchübung, Wirkungsweise des Autogenen Trainings*

Nach der Ballrunde bleiben alle noch im Stuhlkreis. Frau Lange spricht darüber, dass man auch mit dem Körper reagiert, wenn man Gefühle hat. Ist doch klar! «Wenn ihr zum Beispiel Angst habt», sagt sie, «merkt ihr doch auch, wie euer Herz klopft. Fällt einem noch so ein Zusammenhang ein?» – «Ich krieg morgens immer Bauchweh, wenn ich weiß, dass wir eine Arbeit schreiben», meint Sonja. Das kommt Annika sehr bekannt vor. Thomas sagt, dass er vor einer Arbeit schwitzt. Und da fällt Annika noch etwas ein: «Vor einer Arbeit atme ich auch schneller! Und letztes Mal hatten wir ja auch eine Übung mit dem Atmen.» – «Ganz richtig», bestätigt Frau Lange. «Gefühle und Gedanken können bewirken, dass

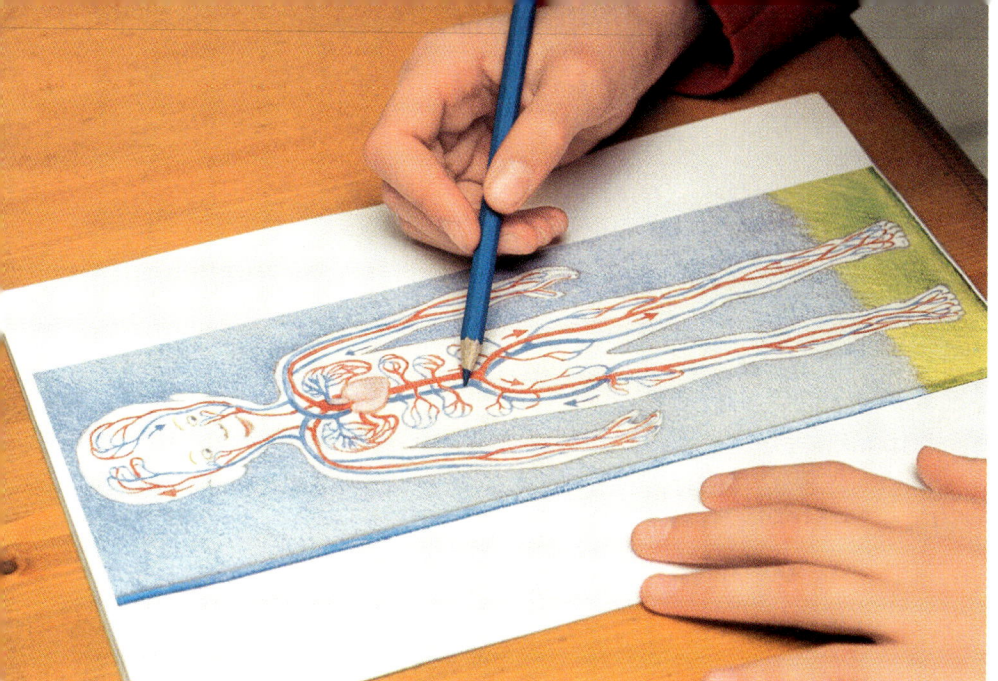

Eine faszinierende Reise durch den Körper

man schwitzt, dass das Herz schneller oder langsamer schlägt, dass sich der Bauch verkrampft und wehtut oder dass man schneller atmet, manchmal sogar, dass man leichter krank wird oder schwerer wieder gesund.»

Dann teilt Frau Lange Blätter aus. Da ist ein Mensch mit seinen Körperteilen und den Organen abgebildet. Und von diesen Organen führen Striche zu Kästchen auf dem freien Platz. «Hier sind noch Buntstifte.» Frau Lange teilt sie aus. «Damit malt ihr bitte die Organe an und schreibt ihre Namen in das jeweilige Kästchen. Es ist ein Körper-Quiz. Da könnt ihr sehen, was ihr schon alles über euren Körper wisst.»

Auge, Gehirn, Magen, Herz, Lunge: Annika fällt schon manches ein. Aber einiges weiß sie nicht. Frau Lange geht herum und hilft: «Das ist die Speiseröhre, das der Darm und das hier die Leber.» Schließlich ist alles fertig. Frau Lange sagt noch etwas darüber, wozu diese Organe denn alle da seien, dann kommt eine neue Übung des Autogenen Trainings dran, die Bauchübung.

«Eigentlich ist die Übung gar nicht ganz neu», meint sie, «denn bei der Wärmeübung haben wir schon Wärme in den ganzen Körper geschickt, also auch in den Bauch. Es gibt im Autogenen Training aber eine extra Bauchübung, und die lernen wir heute, denn einige von euch haben manchmal Angstbauchweh, und da hilft es, wenn man die Bauchübung noch zusätzlich macht. Wer nie Angstbauchweh hat, kann die Übung auch weglassen und nur bei der Wärmeübung auf den Bauch achten.» Sie sollen während der Bauchübung einfach die Hand auf ihren Bauch legen. So spüre man die Wärme leichter.

BAUCHÜBUNG (SONNENGEFLECHT)

«Gehe jetzt in Gedanken zu deinem Bauch, du kannst auch deine Hand auf ihn legen. Du spürst jetzt die Wärme in deinem Bauch und sagst dir in Gedanken: ‹Mein Bauch ist strömend warm.›»

Ruhe, Schwere, Wärme, Atem und Bauchübung – dann kommt die Geschichte. Und in der Geschichte geht es um eine Reise durch den eigenen Körper (siehe Seite 130).

Gut, dass sie vorher das Blatt durchgenommen haben. So weiß Annika immer, wo sie jetzt ungefähr sind.

Nach der Geschichte gibt es wieder eine Gesprächsrunde, in der sie über Übung und Geschichte reden. Die Bauchübung hat bei allen geklappt, denn wegen der Hand auf dem Bauch hat der sich gleich schön warm angefühlt. Annika nimmt sich fest vor, diese Übung morgens vor der Schule zu probieren, vor allem, wenn eine Klassenarbeit ansteht.

Anschließend machen sie noch ein Spiel, das auch mit dem Körper zu tun hat: Immer zwei Kinder stellen sich hintereinander. Das hintere darf dann dem vorderen auf den Rücken einen Buchstaben malen, den das andere erkennen muss. Annika geht mit Simone zusammen. Puh, ist das schwierig. Am Anfang haben die beiden schon Mühe, einen einzigen Buchstaben zu erkennen, mit der Zeit werden sie aber besser, und am Schluss erkennt Simone sogar, dass Annika «Simone» auf ihren Rücken geschrieben hat.

Und dann ist die Stunde auch schon fast zu Ende. Das Blatt mit den Körperorganen wird gelocht und in den Hefter eingeordnet. Dann bekommt jeder den Aufkleber.

Wie wirkt Autogenes Training?

Durch das Autogene Training wird physiologisch eine Umschaltung vom Zustand der Aktivität zum Ruhezustand erreicht. Während der Übung lassen sich folgende physiologischen Veränderungen messen: eine Verringerung der Muskelspannung und der elektrischen Hautleitfähigkeit, eine Erniedrigung des Kortisolspiegels im Blut (Kortisol ist ein Stresshormon), eine bessere Durchblutung der Haut, eine Verlangsamung und Abflachung der Atmung, die Zunahme von Gehirnwellen, die mit Ruhe verbunden sind. Kaum Änderungen finden sich regelmäßig bei Herzfrequenz, Blutdruck, Puls und anderen Kreislaufgrößen. Alle diese Änderungen weisen auf eine physiologische Umschaltung vom Aktivitäts- zum Ruhezustand hin.

Psychologisch kann eine Reduktion von Angst, eine Steigerung der Konzentration, eine Verringerung von Neurotizismus, Depressivität und Gehemmtheit beobachtet werden.

Bei der Entspannung sollte es nicht einfach nur um eine physiologische «Umschaltung» auf ein niedrigeres Aktivationsniveau gehen. Nicht Entspannung an sich ist gut, sondern die *Kontrolle* über das jeweilige Aktivationsniveau gilt es zu erlangen und zu verbessern. Schon die Gewissheit, in einer angstbesetzten Situation über eine solche Möglichkeit zur Selbstkontrolle zu verfügen, trägt unabhängig von den damit zu erreichenden physiologischen Veränderungen wesentlich zur Reduzierung der Angst und des Aktivationsniveaus bei. Die Erfahrung, mit Stresssituationen besser fertig zu werden, sollte auch zu mehr Selbstsicherheit, Selbstvertrauen und Selbstakzeptanz führen. Dies erleichtert wiederum die angemessene Auseinandersetzung mit Umweltanforderungen.

Wir sehen die Erfolge der Entspannung kurzfristig also mehr von physiologischen Veränderungen wie der Reduktion des Aktivationsniveaus, langfristig mehr von psychologischen Faktoren wie der Steigerung des Selbstvertrauens und, bei Kindern, der Förderung der Selbständigkeitsentwicklung bestimmt.

10. STUNDE: *Herzübung*

«So, setzt euch gleich an die Tische», sagt Frau Lange nach dem Ballzuwerfen. Als alle sitzen, beginnt sie: «Also, hört mal her, wir machen jetzt einen Test.» – «Ooooch! Buh! Wie in der Schule.» Alle Kinder protestieren lautstark. Aber Erwachsenen ist das ja einfach egal. Völlig ungerührt spricht Frau Lange weiter, sie lacht sogar ein bisschen dabei. «Wir wollen doch einmal probieren, wie ihr die Entspannung in der Schule am besten einsetzen könnt. Dazu schreiben wir jetzt einen kleinen Test, machen vorher aber die Entspannung. Hier habt ihr etwas zu schreiben.» Papier und Bleistifte werden ausgeteilt. «Nein, die Bleistifte legt erst einmal auf den Tisch. Und hört zu. Beim Test geht es um Folgendes: Ich sage nach der Entspannung einen Buchstaben. Und ihr schreibt dann so viele Wörter wie möglich auf, die mit diesem Buchstaben anfangen. Ihr habt dazu genau zwei Minuten Zeit. Klar?» Gemurmel. «Wenn ich nachher den Buchstaben K sagen würde, was müsstet ihr dann für Wörter aufschreiben?» – «Kartoffel», kommt es gleich. «King Kong, Kaiser, Katze, Kraft, Kissen.» Man kann sich kaum mehr konzentrieren vor lauter Wör-

tern. «Genau», sagt Frau Lange. «Aber alle Wörter, die ich bisher gehört habe, waren Hauptwörter. Das ist schon richtig, ihr könnt aber auch Eigenschaftswörter nehmen, zum Beispiel klein, konzentriert, krank.» – «Gehen auch Namen?», fragt Simone. «Namen gehen auch. Es gehen alle Wörter, sie müssen nur mit K anfangen. Klar?» Felix und Tobias lachen. Annika weiß erst nicht, warum, aber dann denkt sie: «Klar, das fängt ja auch mit K an.»

«Und wenn wir die Sätze über Ruhe, Schwere und Wärme gesagt haben, dann sagt sich jeder von euch einen der Sprüche auf, die wir kürzlich gesammelt haben. Weiß jeder einen?»

Und dann machen sie die Entspannung.

«Am besten macht ihr die Augen zu oder lasst den Blick auf der Tischplatte ruhen, ohne umherzuschauen», sagt Frau Lange noch. Annika behält die Augen lieber mal auf. «Ich bin ganz ruhig», spricht Frau Lange vor, «– ich bin ganz schwer, – ich bin ganz warm. – Und jetzt sagt sich jeder von euch leise seinen Spruch vor.» Eine kurze Pause, dann gibt sie das Signal: «So, der Test fängt an. Der

Anfangsbuchstabe, um den es geht, ist der Buchstabe E. Schreibt alle Wörter auf, die mit E anfangen!»

Sofort sind alle dabei. Annika schreibt: Esel, Essen, Esslingen, Erde, Erdnuss, Eisenbahn, Eis, Ecke, Elke, Edith, echt, einigen, Elefant. Dann ist die Zeit zu Ende, und die Blätter werden eingesammelt.

«Gut», sagt Frau Lange. «Und jetzt kommt nochmal so etwas Ähnliches. Ich sage gleich den Namen eines Gegenstandes, und ihr schreibt auf, was man mit dem Gegenstand alles machen kann. Es kann ruhig etwas ganz Verrücktes sein, das man in Wirklichkeit nie machen würde. Man muss es nur machen *können*. – Was zum Beispiel *könnte* man mit einem Tannenbaum alles machen?» – «Putzen, umschmeißen, schmücken, anspitzen, Kugeln dran aufhängen.» – «Ja, das kann man alles und noch mehr. So etwas Ähnliches kommt nachher also dran. Aber zuerst die Entspannung. Und sagt euch nach dem Wärmespruch wieder euren eigenen Spruch vor, wie vorher.»

«Müssen wir für alles, was man machen kann, einen eigenen Satz schreiben?», fragt Thomas.

«Nein», sagt Frau Lange, «ein einziges Wort wie schmücken oder umschmeißen reicht schon. Ich muss nur nachher wissen, was ihr gemeint habt.»

Also, das ist ja auch ganz schön spannend. Und dass die Arbeiten irgendwie benotet werden, glaubt Annika sowieso nicht. Sie sagt sich wieder «Konzentriert geht's wie geschmiert», und dann ist Frau Lange dran. «Der Gegenstand, um den es geht», sagt sie und schaut auf ihre Uhr, «ist das Fenster. Was kann man mit einem Fenster alles machen? Gutes und Schlechtes.»

Eifrig schreibt Annika: kaputtmachen, einbauen, durchsteigen, zumachen, putzen, einschlagen, aufmachen. Das ist gar nicht so

So könnte ich auch mein eigenes Herz schlagen hören

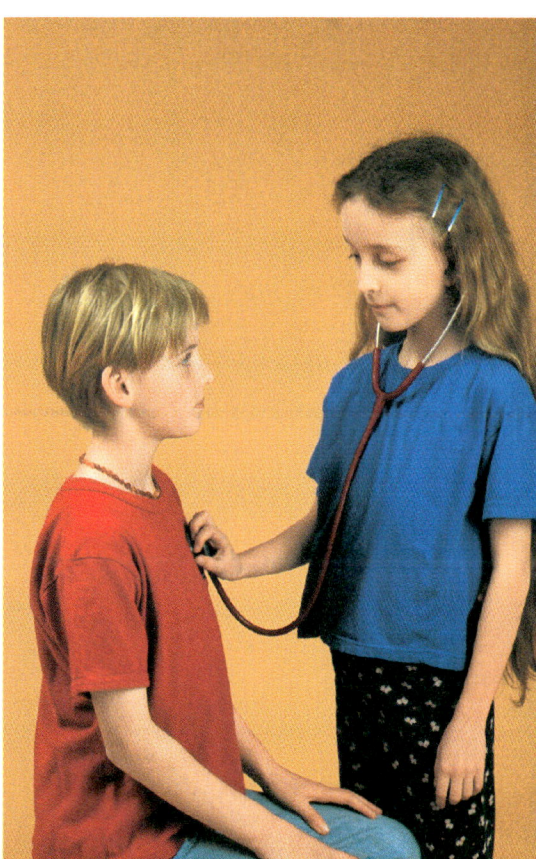

einfach. Dann ist die Zeit zu Ende, und die Blätter werden eingesammelt. «Mir ist ganz schön viel eingefallen», lobt Felix sich selbst. Auch Annika denkt, dass es recht gut ging. Eigentlich hat es sogar Spaß gemacht, obwohl das doch so ähnlich wie eine Klassenarbeit war. Aber wenn sie erst die Entspannung macht, hat sie irgendwie gar keine Zeit mehr, sich aufzuregen.

Anschließend holt Frau Lange ein Stethoskop aus der Tasche, das Annika schon von ihrem Hausarzt kennt, der hat so eines manchmal auf seinem Schreibtisch liegen. Klar, dass jeder einmal hören will, wie das eigene Herz schlägt. Frau Lange lässt alle Kinder probieren. Annika hört sich selbst, aber auch Simone und Thomas damit ab. Schon komisch, wie das eigene Herz pocht!

Frau Lange erklärt, dass heute die Herzübung des Autogenen Trainings dran sei. Sie sollen währenddessen darauf achten, wo im Körper das Herz zu spüren ist. Ansonsten ist aber gar nichts zu tun, nur eben den Herzschlag zu beobachten. «Schon dadurch», meint Frau Lange, «könnt ihr ruhiger werden und noch tiefer in die Entspannung hineinkommen. Nur durch die Beobachtung, wie schon beim Atem.»

HERZÜBUNG

«Höre jetzt in dich hinein, ob du dein Herz irgendwo spürst. Vielleicht spürst du deinen Puls in den Fingern oder am Hals oder auch im Bauch. – Du bist jetzt ganz ruhig und sagst dir in Gedanken:
‹Mein Herz schlägt ganz ruhig und gleichmäßig.›»

Annika ist froh, dass sie noch eine lange Übung machen, denn das genießt sie immer besonders. Als alle auf ihren Decken liegen, sagt Frau Lange, dass sie jetzt wie üblich alle Übungen, auch die neue Herzübung, machen, es anschließend aber keine Geschichte gibt, sondern Musik. Die Kinder murren ein bisschen, weil sich alle immer besonders auf die Geschichte freuen, aber Frau Lange meint, es sei eine sehr schöne Musik, mit der man toll träumen und sich selbst Geschichten ausdenken könne.

Und das stimmt auch. Annika würde am liebsten liegen bleiben und weiterträumen, als Frau Lange doch zum «Zurücknehmen» kommt. Auch den anderen fällt es schwer, wieder auf die Beine zu kommen. «Es ist schön, wie tief ihr euch schon entspannen könnt», lobt Frau Lange, «aber tagsüber ist es wichtig, dass man auch wieder in Schwung kommt. Wie wär's zum Abschluss mit einem Tanz, vielleicht mit einem besonders lebhaften?» Da freuen sich natürlich alle und stehen schnell im Kreis. Frau Lange hat nicht übertrieben, der *Gewittertanz* (Friebel & Kunz 2000) ist tatsächlich ganz schön anstrengend und nicht so langsam wie die bisherigen Tänze. Annika kommt richtig ins Schwitzen. Danach gibt es noch Aufklebebildchen, und dann geht's ab nach Hause.

11. STUNDE: *Stirnübung*

In der Ballrunde fragt Thomas nach den Noten für die Tests aus der letzten Stunde. «Da gibt es keine Noten», sagt Frau Lange, «wir sind ja nicht in der Schule. Ich habe mir aber alle Tests angesehen und finde, dass euch ganz schön viele Wörter eingefallen sind.» Dann fragt sie nach, ob alle in der letzten Woche ihre Kurzübung gemacht hätten. «Ich nicht», ruft Annika gleich, «wir hatten letzte Woche keine Arbeit.» – «Die Kurzübung kann man aber nicht nur bei Klassenarbeiten gut brauchen. Sie ist auch nützlich, um sich innerlich zu sammeln, zum Beispiel im Unterricht oder vor den Hausaufgaben. Die gehen nämlich viel schneller, wenn man sich gut konzentrieren kann, und dann habt ihr anschließend mehr Zeit zum Spielen.»

Mehr Zeit zum Spielen zu haben, findet Annika schon gut, und sie trödelt manchmal wirklich den halben Nachmittag mit den Hausaufgaben herum. Das mit der Kurzübung wird sie morgen gleich mal ausprobieren.

«Da werde ich dann aber bestimmt müde», protestiert Sonja, «und dann habe ich gar keine Lust mehr für die Hausaufgaben.» Frau Lange erklärt, dass man die Kurzübung auch in der Königshaltung machen kann und dabei sogar wacher und konzentrierter wird. Gleich probieren sie die Haltungen aus. Bei der Königshaltung sitzt man vorne auf dem Stuhl, und zwar ganz aufrecht, wie ein König auf seinem Thron. Annika fühlt sich gleich richtig königlich und überhaupt nicht müde.

Danach kündigt Frau Lange wieder eine neue Übung des Autogenen Trainings an, die Stirnübung. «Oje, nicht noch eine», stöhnt Simone zu Annika, «ich glaube, ich weiß vor lauter Entspannungsformeln bald gar nicht mehr, wie ich mich entspannen soll.»

«Am wichtigsten», betont Frau Lange, «sind die Ruhe-, die Schwere- und die Wärmeübung. Auch die Atemübung ist noch wichtig. Denn die kannst du sogar für sich alleine benutzen, wenn du gerade keine Zeit für die anderen hast. Du konzentrierst dich dann nur auf den Atem, beobachtest ihn einfach ein paar Atemzüge lang – und du wirst spüren, dass du davon schon ruhiger wirst.»

Annika überlegt, ob sie vom «Meeratem» zu Hause auf der Hummelwiese berichten soll (siehe Seite 29), aber Frau Lange spricht schon weiter.

«Die Stirn ist angenehm kühl ...»

«Die Bauch-, die Herz- oder die Stirnübung kannst du einfach dann benutzen, wenn du meinst, du brauchst sie. Zum Beispiel kann Annika morgens die Bauchübung machen, damit sie vor Klassenarbeiten nicht ihr Angstbauchweh bekommt. Die Stirnübung, die ich euch heute noch vorstellen will, kann helfen, einen klaren Kopf zu bekommen, und das ist vielleicht dann und wann auch ganz nützlich.»

«Ja», bestätigt Tobias, «wenn ich viele Hausaufgaben habe, dann kriege ich manchmal richtig Kopfweh.»

Alle legen sich auf ihre Decken. Frau Lange verrät die neuen Entspannungsformeln nicht vorher. Das sei eine Überraschung, meint sie geheimnisvoll. Wie immer kommen zuerst Ruhe-, Schwere- und Wärmeübung, dann die Formeln zu Atem, Bauch und Herz und ganz am Schluss erst die Stirnübung. Das ist wirklich eine Überraschung, denn die Stirn macht man nicht warm, wie alle das von den anderen Übungen gewohnt sind, sondern kühl! Als Frau Lange sagt, dass die Stirn angenehm kühl ist, geht sie umher und streicht jedem etwas Wasser auf die Stirn. Anschließend hören sie wieder eine Geschichte.

Im Stuhlkreis unterhalten sie sich danach noch über die seltsame Stirnübung. «Könnt ihr euch denken, warum man bei der Stirn nicht versucht, Wärme herzustellen, sondern Kühle?», will Frau Lange wissen.

«Weil man mit einem heißen Kopf nicht richtig denken kann», meint Tobias. «Weil man Fieber hat, wenn der Kopf heiß ist», ergänzt Simone.

«Genau», lobt Frau Lange, «das habt ihr ganz richtig erkannt. Die Stirnkühle ist nicht ganz leicht zu empfinden, es hilft aber, wenn ihr euch etwas Kühles vorstellt, beispielsweise einen kühlen Wind, der euch über die Stirn streicht, oder kühles Wasser, so wie ich es vorhin benutzt habe.»

Nach dem vielen Sitzen kommen jetzt endlich ein Spiel und ein Tanz an die Reihe.

Dann kündigt Frau Lange an, dass sie in der nächsten und letzten Stunde des Kurses ein kleines Fest feiern. Frau Lange will Getränke besorgen, die Kinder sollen alle etwas zum Knabbern mitbringen und sich schon mal Spiele ausdenken. Und Wunschtänze. Da sind gleich alle Feuer und Flamme. Fast vergessen sie ihre geliebten Aufkleber, so eifrig beratschlagen sie schon über das, was sie in die letzte Stunde mitbringen möchten.

Die Formel der Stirnübung lautet: «Deine Stirn ist ein wenig kühl.»
Oder: «Deine Stirn ist angenehm kühl.» Die Formel kann an die vor-
hergehenden Übungen angehängt werden, etwa folgendermaßen:

*«Achte nun auf deine Stirn, stell dir die Kühle vor und sag dir in Gedanken:
‹Meine Stirn ist ein wenig kühl. Meine Stirn ist angenehm kühl.›»*

Herz- und Stirnübung sind nur in Ausnahmefällen nötig und hilfreich. Die Kinder selbst empfinden die Formeln oft nicht als Gewinn
bringend. In Kursen werden sie deshalb selten eingesetzt.

12. STUNDE: *Gesamtentspannung und Abschied*

Heute ist also die letzte Kursstunde, und Annika betritt mit gemischten Gefühlen den Raum. Einerseits freut sie sich auf das Fest, andererseits ist sie ein wenig traurig, dass sie nun nicht mehr jede Woche zu Frau Lange und den anderen Kindern kommen kann. Auf jeden Fall hat sie einen Block mitgebracht, damit sie sich die Adressen und Telefonnummern von ihren neuen Freunden aufschreiben kann.

In der Ballrunde fragt Frau Lange, ob ihnen der Kurs gefallen hat und was man eventuell ändern sollte. Da kriegt Frau Lange so viel Lob von den Kindern, weil es allen gut gefallen hat, dass sie ein bisschen rot wird. Florian findet es allerdings schlecht, dass der Kurs so kurz war, es hätten ruhig noch mehr Stunden sein dür-fen. Als alle Kinder zustimmen, meint Frau Lange: «Wenn ihr Lust habt, schreibe ich euch in einem Jahr einen

Brief und lade euch alle zu einem Auffrischungskurs ein. Aber jetzt machen wir vor unserem Abschiedsfest noch eine richtig lange Entspannung.»

Nachdem die Decken und Kissen für den Nachhauseweg zusammengepackt sind, beginnt das Fest mit dem Sonnenstrahlentanz. Die Kinder haben sich viele Spiele ausgedacht, die können gar nicht alle gespielt werden, und zum Knabbern und Trinken gibt es auch reichlich.

Und weil es die letzte Stunde ist, bleibt die Aufkleberkarte nicht bei Frau Lange, sondern jedes Kind bekommt seine mit nach Hause. Auch ein Heft mit dem eigenen Namen vorne drauf bekommt jeder. Da sind noch einmal die Entspannungsformeln und einige Geschichten drin. Denn weiterüben sollen sie auch nach dem Kurs, sagt Frau Lange.

Und dann gibt es noch etwas. Jeder bekommt einen Briefumschlag. Gleich macht Annika ihren auf: ein Herz aus Pappe mit ihrem Namen. «Das ist das Letzte, was wir machen», sagt Frau Lange. «Jeder schreibt sich den Merkspruch aufs Herz, der ihm am besten gefällt.» Sie teilt Stifte aus, und Annika weiß sofort ihren Spruch. Sie linst ein bisschen umher, was denn die anderen schreiben. Aber schon sind alle fertig und packen ein.

Und damit sind Stunde und Kurs

Mein Lieblingsspruch auf meinem Herzen

dann wirklich vorbei. Annika schreibt sich noch schnell die Adressen der anderen Kinder und ihre Telefonnummern auf, und dann geht es hinaus in den Sonnenschein.

Gesamtentspannung Autogenes Training

Die Übungen sind hier teilweise gegenüber ihren Lernformen etwas gekürzt. Die gerade gedruckten Titel werden nicht mitgesprochen. Zu Sprechgeschwindigkeit und Pausen siehe Stück 8 auf der CD.

(Ruhe:) *«Deine Arme und Beine werden ganz ruhig. Dein Gesicht wird ruhig, und deine Augen werden ganz ruhig. Die Augenlider werden schwer, ganz schwer.*

Du bist ganz ruhig und sagst dir in Gedanken drei Mal:

‹Ich bin ganz ruhig ... Ich bin ganz ruhig ... Ich bin ganz ruhig.›»

(Schwere:) *«Deine Arme werden jetzt schwer, ganz schwer. Und deine Hände werden schwer, ganz schwer. Deine Arme werden immer schwerer und schwerer.*

Deine Beine werden jetzt schwer, ganz schwer. Und die Füße werden schwer, ganz schwer.

Arme und Beine werden immer schwerer und schwerer.

Du bist ganz schwer und sagst dir in Gedanken drei Mal:

‹Ich bin ganz schwer ... Ich bin ganz schwer ... Ich bin ganz schwer.›»

(Wärme:) *«Du spürst die Wärme der Sonne in dir. Du spürst die Wärme in deinen Armen. Die Wärme strömt in deine Hände und bis in deine Fingerspitzen hinein, wohlige Wärme in deinen Fingerspitzen. Deine Arme sind warm.*

Die Wärme strömt weiter durch deine Brust und in deinen Bauch. Du spürst die Wärme der Sonne in deinem Bauch. Dein Bauch ist warm, wohlige Wärme durchströmt deinen Bauch.

Und die Wärme strömt weiter zu deinen Beinen. Wohlige Wärme durchströmt deine Beine. Und die Wärme strömt weiter zu deinen Füßen, bis in die einzelnen Zehen hinein, wohlige Wärme durchströmt deine Füße. Deine Beine sind warm.

Deine Arme sind warm, dein Bauch ist warm, deine Beine sind warm. Wohlige Wärme durchströmt deinen ganzen Körper.

Du bist schön warm und sagst dir in Gedanken drei Mal:

‹Ich bin schön warm … Ich bin schön warm … Ich bin schön warm.›
Du bist ruhig, schwer und warm.»

(Atem:) *«Dein Atem geht ruhig und gleichmäßig, er hebt und senkt sich wie ein Boot auf den Wellen. – Du bist jetzt ganz ruhig und sagst dir in Gedanken:*
‹Mein Atem geht ganz ruhig und gleichmäßig.
Mein Atem wiegt mich.›»

(Bauch:) *«Gehe jetzt in Gedanken zu deinem Bauch. Du spürst die Wärme in deinem Bauch und sagst dir in Gedanken:*
‹Mein Bauch ist strömend warm.›»

(Herz:) *«Höre jetzt in dich hinein, ob du dein Herz spürst. – Du bist ganz ruhig und sagst dir in Gedanken:*
‹Mein Herz schlägt ruhig und gleichmäßig.›»

(Stirn:) *«Achte nun auf deine Stirn, stell dir die Kühle vor und sag dir in Gedanken:*
‹Meine Stirn ist ein wenig kühl. Meine Stirn ist angenehm kühl.›»

Es folgt eine Entspannungsgeschichte und dann die Rücknahme der Entspannung, etwa mit den Worten:

(Rücknahme:) *«Die Entspannung kommt nun langsam zum Ende. Wer bereit ist, öffnet die Augen, ballt die Hände zu Fäusten, reckt und streckt sich und atmet einmal tief durch.»*

KAPITEL 3 | *Phantasiereisen*

Beim Vortragen von Phantasiereisen sollte viel Raum zwischen den Worten gelassen werden (Beispiele siehe die Stücke 1 und 2 auf der CD). Phantasiereisen können gut nach der eigenen Erlebniswelt und der des Kindes abgeändert werden. Nicht die genauen Worte sind wichtig, sondern die Anregung der Vorstellung des Kindes in einer Atmosphäre der Ruhe und Kraft. Weitere Phantasiereisen im Buch: auf Seite 24 «Pusteblume», auf Seite 29 «Meeratem».

Bach

Stell dir vor, du gehst durch eine weite Wiese. Blumen blühen. Gräser stehen hoch in das Licht …

Grillen zirpen, das ist wie ein Meer. Am Himmel singt eine Lerche …

Du achtest auf deine Schritte. Das Gras fühlt sich weich an …

Du triffst auf ein Bächlein, das rieselt einfach nur so durch die Wiese. Du beugst dich über das Wasser … Kühl ist es, klar. Du spürst die Kühle und Klarheit des Bächleins aufsteigen, du fühlst sie in dir …

Du gehst ein wenig am Bach entlang, entgegen der Strömung …

Blumen und lange Gräser wachsen am Ufer des Baches. Ab und zu stehen vielleicht auch Schilfrohre …

Immer weiter gehst du und kommst an den Waldrand. Und weiter folgst du dem Bächlein, ein Stückchen hinein in einen lichten Buchenwald …

Es ist ein wenig dunkler geworden, die Blätter schirmen das helle Licht ab. Und das Murmeln des Bächleins scheint tiefer zu sein …

Weiter folgst du dem Bächlein. Du spürst deine Schritte auf schwerer Walderde, auf Moos und altem Laub vom vergangenen Jahr, du hörst ihre Geräusche …

Endlich kommst du an die Quelle des Bächleins. Ein kleiner Quellsee ist dort, kaum zwei Schritte breit. Von seinem Grund steigen Blasen auf. Sand hebt sich dort und senkt sich wieder. Da strömt aus der Erde das Wasser hinein …

Du gehst einmal um den Quellsee und setzt dich dann daneben auf Moos. Du schaust in das klare Wasser hinein … Du spürst seine Ruhe und Frische …

Aus den Bäumen um dich hörst du Waldvögel pfeifen … Du bist nur da und ruhst dich aus und schöpfst dir neue Kraft aus der Stille …

Unter dem Apfelbaum

Stell dir vor, du trittst auf eine Wiese. Du gehst ganz langsam und empfindest die Erde, empfindest das weiche Gras …

Das Geräusch des Grases, wenn du einen neuen Schritt machst … Das Gefühl in deinem Fuß, wenn du ihn hochhebst … wenn du ihn durch die Luft bewegst … wenn du ihn aufsetzt … Mit langsamen Schritten gehst du über die Wiese in den Schatten des Apfelbaums …

Du setzt dich, lehnst dich an den Stamm. Du spürst den Boden unter dem Po, du spürst die raue Rinde an deinem Rücken … Der Baumstamm hält dich … die Erde trägt dich … Hier bist du zu Hause … Über dir wandern Wolken durchs Blau …

Durchs Blattwerk des Apfelbaums blinzelt die Sonne … Tanzende Strahlen kitzeln dich an der Nase … Mal Licht, mal Schatten … Du schließt die Augen, die Sonne wärmt dir die Lider …

Geruch von duftendem Gras … Geruch der Baumrinde … Du meinst fast, etwas wie einen Geruch der warmen Sonne zu empfinden …

Von den Feldern her tönt das Lied einer Lerche … Von fern ist ein Traktor zu hören … Grillen zirpen … Dein Atem strömt ein und aus … All die kleinen Geräusche – und doch ist da etwas wie tiefe Stille … die Geräusche zeigen die Stille auf … Jedes der kleinen Geräusche macht die Stille noch tiefer …

So lehnst du ein Weilchen auf der Wiese am Apfelbaum und achtest auf alles um dich herum … Du schöpfst dir neue Kraft aus der Stille …

Wald

Du gehst durch einen lichten Wald. Weit stehen die mächtigen Bäume auseinander, hohes Gras wächst ins Helle hinauf. Du gehst einen Pfad …

Vielleicht ist es ganz still, vielleicht singen hier und da Vögel …

Ab und zu rauscht Wind durch die Wipfel. Du schaust hinauf und siehst, wie die Zweige sich heben und senken …

Der Wald beginnt dichter zu werden. Mächtige Baumkronen bilden ein Dach …

Du hörst auf den Rhythmus deines Atems. Er geht im Takt deiner Schritte …

Alles ist Rhythmus, hin und her, ein und aus …

Eichhörnchen springen über den Pfad. Sie klettern den Stamm einer alten Eiche hinauf. Von oben lugen sie auf dich herab, halb hinter dem runzligen Stamm verborgen …

Weiter gehst du deinen Pfad …

Hell fällt Licht auf den Boden … Dein Pfad quert einen Bach. Über ein schmales Holzbrücklein geht es hinüber. Du lauschst dem Klang des Holzes unter deinen Schritten nach …

In der Mitte des Brückleins bleibst du stehen und schaust auf das strömende Wasser hinab. Es ist ganz klar. Forellen fächeln leicht in der Strömung …

Du gehst weiter, hinein in den lichten Wald, und lauschst dem Gesang der Vögel …

An einer schönen Stelle setzt du dich hin, auf weiches Moos. Du lehnst an den Baumstamm. Du fühlst, wie deine Glieder schön schwer sind … Du fühlst die Schwere in deinen Händen … Du fühlst die Schwere in deinen Beinen … Du bist schön schwer …

Du fühlst, wie deine Glieder schön warm sind … Du fühlst die Wärme in deinen Händen … Du fühlst die Wärme in deinen Beinen … Die Wärme strömt durch deinen ganzen Körper … Du bist schön warm …

Du achtest ein Weilchen nur auf deinen Atem. Du achtest darauf, wie die Luft in dich einströmt – und wieder heraus, ein und aus, wieder und wieder, ganz ruhig und gleichmäßig, ganz von allein …

So lehnst du ein Weilchen und ruhst dich aus. …

Feldweg

Stell dir vor, es ist Sommer. Die Sonne scheint freundlich vom Himmel. Ein paar weiße Wolken ziehen. Ein Wind geht, ganz leicht. Langsam schlenderst du dahin, auf einem Feldweg …

Ausgefahrene Traktorspuren. Erde und Staub und Stein. In der Mitte zwischen den Spuren steht Gras …

Kornfelder wiegen sich golden links und rechts deines Weges …

Farbflecken von Mohn und Kornblumen dazwischen …

Am Wegrand duftet Kamille …

Vom Acker blinkt es. Da hat jemand eine Vogelscheuche aufgestellt und mit Metallbändern behängt. Vielleicht kannst du es klappern hören, wenn das Blech leicht aneinander schlägt …

Die Vögel halten sich fern von ihr, sie fürchten sich davor. Du fürchtest dich nicht, weil du ja weißt: nur eine Vogelscheuche, nichts weiter …

Über den Feldern der Lerchensang …

Du gehst auf dem Feldweg und spürst die Schwere der goldenen Ähren … Du spürst die Wärme der Sonne in dir … Du achtest auf deinen Atem, wie er ein- und ausströmt, ganz von allein …

Du kommst an einen Brunnen. Aus einem metallenen Rohr läuft Wasser hinein in den Stein. Du schaust in das Wasser … Der schwankende Himmel … Dein schwankendes Gesicht …

Du gehst weiter den Feldweg, auf deinem Weg, nach Hause zurück …

Am See

Stell dir vor, du liegst am Seeufer, auf einer Wiese … Über dir der weite Himmel. Möwen kreisen und schreien ihr Windlied … Die Wellen des Sees plätschern sachte ans Ufer. Du lauschst ein Weilchen ganz ihrem Rauschen … Du spürst die Kraft des Sees, die Kraft des Wassers …

Ein Stückchen das Seeufer hinunter steht Schilf. Das wiegt sich im leichten Wind hin und her. Du lauschst dem Rauschen des Schilfs … Ab und zu ein Klacken, wenn zwei Schilfrohre aneinander stoßen … Ab und zu ruft ein Vogel im Dickicht des Schilfs …

Wind in den Wellen des Sees … Wind im Schilf … Im Wind segeln Möwen am Himmel … Du spürst die Kraft dieses Windes …

Du spürst deinen Atem gehen, ein und aus, ein und aus, ganz ruhig und gleichmäßig, ganz von allein … Du spürst den sanften Wind auch in dir, er bringt dir die Ruhe … Du spürst die Kraft dieser Ruhe …

Du spürst die Schwere deines Leibes auf der Erde. Du bist angenehm schwer und entspannt …

Du spürst die Wärme der Sonne in dir. Sie kreist in den Armen, den Beinen, durch deinen Leib. Du bist angenehm warm und entspannt …

Du bist ruhig, schwer und warm … ruhig, schwer und warm … So liegst du ein Weilchen am See und fühlst die neue Kraft tief in dir wachsen.

KAPITEL 4 | *Entspannungs-geschichten*

Die Geschichten beginnen mit einer kurzen Entspannung. Wenn die Geschichten an eine ausführliche Entspannung angehängt werden, kann dieser Teil auch weggelassen oder verkürzt werden. Die Insel-Geschichte würde dann etwa so beginnen: «Stell dir vor, du liegst auf einer weiten Wiese. Dort sinnst du vor dich hin – da plötzlich flattert ein bunter Schmetterling gerade vor deine Nase.»

Die Insel

(Am Ende kann Musik gespielt werden, beispielsweise Stück 12 von der CD.)

Stell dir vor, du liegst auf einer weiten Wiese. Du hast die Augen geschlossen und spürst die *Ruhe* rings um dich – und in dir. Gras wiegt sich im Wind, Vögel singen ringsum. Dein *Atem* geht ein und aus, ein und aus, ganz ruhig und gleichmäßig, ganz von allein. Mit jedem Atemzug spürst du deine *Schwere* angenehm auf dem Boden. Mit jedem Atemzug fühlst du die *Wärme* in dir … So sinnst du vor dich hin – da plötzlich flattert ein bunter Schmetterling gerade vor deine Nase.

«Hallo», flüstert er, «ich bin dein Freund und will dir den Weg zu deiner geheimen Insel zeigen. Hast du Lust?»

«Ja», rufst du und stehst auf.

Über die Wiese geht es, durch einen lichten Wald. Du folgst dem Schmetterling zwischen den Bäumen, bis ihr an den Fluss kommt. Am Ufer liegt ein Floß angebunden und schwankt leicht auf dem Wasser.

«Komm», singt der Schmetterling, «steig schon hinauf, ich hole den Fährmann.»

Du steigst aufs Floß. Leicht schwankt es unter deinem Gewicht. Der Schmetterling flattert zu einem Weidenbaum. An einem der Äste hängt eine winzige Glocke. Der Schmetterling bimmelt mit einem Fühler daran. Leise und silberhell klingt es über das Wasser. Und da taucht aus dem Dickicht am Flussufer auch schon ein Biber auf. Das ist der Fährmann. Er schwimmt zum Floß, packt seine

Leine mit den Zähnen und zieht es hinüber zur Insel.

Bald seid ihr angekommen, und du springst ans Ufer. Der Biber bindet das Floß fest, grinst dich mit seinen großen, blitzblanken Zähnen an und verschwindet wieder im Wasser.

Das hier ist *deine* Insel. Wie sie genau aussieht, das weißt nur du. Vielleicht gibt es einen großen Berg auf der Insel, und du steigst hinauf und schaust über die Welt. Vielleicht ist da aber auch nur eine wunderschöne Blumenwiese, etwas dir schon lange Bekanntes, wo es dir gefällt, oder etwas völlig Unbekanntes, das du dir selbst ausgedacht hast. Es ist deine Insel der Ruhe. In jedem Ding hier findest du Ruhe und Kraft. Geh umher, jetzt oder später, schau dir die Dinge an und schöpfe dir Ruhe und Kraft.

Das ängstliche Kätzchen

Stell dir vor, du liegst auf deiner Wiese. Du hast die Augen geschlossen und spürst die *Ruhe* rings um dich – und in dir. Das wiegende Gras, die Vogelstimmen ringsum … Dein *Atem* geht ein und aus, ein und aus, ganz ruhig und gleichmäßig, ganz von allein. Mit jedem Atemzug spürst du deine *Schwere* angenehm auf dem Boden. Mit jedem Atemzug fühlst du die *Wärme* in dir …

So sinnst du vor dich hin – da hörst du aus der Ferne ein klägliches Stimmchen.

«Miau, miau», ruft es vom Stoppelfeld her. Da schleicht ein kleines Kätzchen ganz verschüchtert auf dem Feldweg dahin und schaut ängstlich nach links und nach rechts.

«Was ist denn los, Kätzchen?», sprichst du es an. «Warum so vorsichtig?»

Als es dich hört, fährt das Kätzchen erschrocken zusammen.

«Aber ich tu dir doch nichts», sagst du, «du kannst mir vertrauen.»

«Wie schön», sagt das Kätzchen und atmet erleichtert auf. «Die Mäuse und die Spatzen», schüttet es dir sein Herz aus. «Papa hat mich ausgeschickt, auf die Mäusejagd. Mindestens eine Maus soll ich fangen und heimbringen, oder auch einen Spatzen. Dabei hab ich vor Mäusen und Spatzen doch so große Angst.»

«Was, ein Kätzchen, das sich vor Mäusen fürchtet!», wunderst du dich.

«Ja, jetzt lachst auch du mich aus», sagt das Kätzchen traurig.

«Aber nein», antwortest du, «doch wenn du dich von den Mäusen und Spatzen fern hältst, dann wirst du dich immer vor ihnen fürchten.

Nicht verzagen,
auch was wagen!

Komm, wir gehen über das Feld!»

Die Stoppeln kitzeln ganz komisch an den Fußsohlen, als du darüber läufst, aber du hältst tapfer durch, und das Kätzchen folgt dir, nachdem es sich erst nochmal vorsichtig umgeschaut hat.

Zunächst hält es sich immer dicht hinter dir. Und als ihr daherkommt, verschwinden die Mäuse in ihren Löchern, und die Spatzen schimpfen, lassen aufgelesene Körner fallen und fliegen auf in den Himmel. Du hörst, wie das Kätzchen hinter dir immer wieder vor sich hin murmelt:

«Nicht verzagen,
auch was wagen!»

Und es merkt jetzt, dass die Mäuse und die Spatzen auch nicht gerade die Mutigsten sind – und dann stürzt es plötzlich hervor wie ein Tiger und treibt die Mäuse und die Spatzen auseinander und vor sich her.

«Hurra!», miaut es begeistert und springt zu dir zurück. «Jetzt

werd ich vielleicht doch noch eine richtige mutige Katze wie Papa und Mama und all die anderen! Vielen Dank, dass du mir geholfen hast.»

«Aber das hab ich doch gar nicht, das warst du doch selbst», antwortest du. «Ich hab dir nur geraten, einmal auszuprobieren, ob du dich auch wirklich fürchten musst.»

«Ja, es einmal ausprobieren», strahlt das Kätzchen und schnurrt, «das werd ich jetzt immer.»

Und dann wandert es stolz mit erhobenem Haupt mitten über das Stoppelfeld. Und auch du machst dich wieder auf den Heimweg, zurück zu deiner schönen Wiese.

Der Igel

Stell dir vor, du liegst auf deiner Wiese. Du hast die Augen geschlossen und spürst die *Ruhe* rings um dich – und in dir. So ruhig liegst du, dass du das Gras im Wind hören kannst und die Vogelstimmen ringsum … Dein *Atem* geht ein und aus, ein und aus, ganz ruhig und gleichmäßig, ganz von allein. Mit jedem Atemzug spürst du deine *Schwere* angenehm auf dem Boden. Mit jedem Atemzug fühlst du die *Wärme* in dir …

So sinnst du vor dich hin – da stupst dich plötzlich etwas in die Seite – und fährt schon selber erschrocken zusammen. Ein Igel ist es, er hat dich wohl gar nicht bemerkt.

«Was soll denn das?», entfährt es dir, aber der Igel hat sich zusammengerollt und ganz unter seinen Stacheln versteckt.

«Na, ich tu dir nichts», beruhigst du ihn. «Du hast mich einfach erschreckt.»

Vorsichtig lugt der Igel unter seinem Stachelkleid vor. «Tust du mir wirklich nichts?», fragt er ängstlich und zeigt ein bisschen von seiner rosigen Schnauze.

«Wirklich nicht», beruhigst du ihn.

«Es ist einfach schlimm», erzählt der Igel, «überall ecke ich an, weil ich schneller bin, als ich schauen kann.»

«Da wirst du jede Menge Ärger mit anderen Leuten haben», meinst du.

«Wie Recht du hast», seufzt der Igel. «Und immer sehe ich nur das, was ich haben will, und *übersehe* dabei alles andere. – Aber so bin ich eben», meint er dann.

«Also», sagst du energisch, «du kannst ja gegen eine Menge Dinge nichts machen, *aber dich selber* kannst du doch immer ändern.»

«Ja wie denn?», fragt er neugierig.

«Versuch's doch mal mit einem Merkspruch», antwortest du ihm. «Wie wär's mit dem:

Augen wach,
denk erst nach.»

«Hm.

Augen wach,
denk erst nach»,

wiederholt der Igel langsam den Spruch.

«Ich will es einmal damit probieren», meint er dann, zufrieden über diese neue Idee, und trippelt langsam davon. Plötzlich stutzt er, späht umher und schleicht dann in einen Garten. Dort hat jemand ein Schälchen mit Obst und frischem Gemüse hinausgestellt. Der Igel knabbert vergnügt. So hat er doch noch etwas Gutes gefunden.

Die schnellste Schnecke der Welt

Stell dir vor, du liegst auf deiner Wiese. Du hast die Augen geschlossen und spürst die *Ruhe* rings um dich – und in dir. Du hörst das Gras im Wind sich bewegen und die Vogelstimmen ringsum … Dein *Atem* geht ein und aus, ein und aus, ganz ruhig und gleichmäßig, ganz von allein. Mit jedem Atemzug spürst du deine *Schwere* angenehm auf dem Boden. Mit jedem Atemzug fühlst du die *Wärme* in dir …

So sinnst du vor dich hin – da siehst du eine Weinbergschnecke neben dir kriechen. Ihre Fühler hängen traurig zu Boden. «Was ist denn los?», fragst du mitleidig.

«Ach», antwortet sie, «es ist eine Schande. Heute hatten wir unsere jährliche Schneckenversammlung, und da haben sie mich zur schnellsten Weinbergschnecke der Welt gewählt.»

«Aber das ist doch wunderbar!», antwortest du.

«Du hast keine Ahnung», meint sie dazu, «du bist eben ein Mensch. Ihr macht alles blitzschnell. Für euch mag das ja auch richtig sein,

aber bei uns ist es anders. Unser höchstes Ziel ist es nämlich, besonders langsam und elegant durch die Gegend zu schlendern. Und von allen Schnecken sind wir Weinbergschnecken die langsamsten. Deshalb sind wir ja auch dazu übergegangen, immer unser Haus auf dem Rücken mitzuschleppen, weil wir sonst garantiert immer zu spät zu Hause wären. Nur ich bin anders», seufzt sie, «immer bin ich zu schnell.»

«Das geht mir auch oft so», verrätst du. «Und auch manchen anderen Kindern.»

«So, so», sagt die Weinbergschnecke. «Und was macht ihr Menschen dann, wenn ihr zu schnell seid?»

«Vielleicht versuchst du es einmal mit einem Merkspruch», rätst du der Weinbergschnecke. «Immer, wenn du merkst, dass du wieder viel zu hastig bist, dann hältst du kurz inne, atmest tief ein und tief aus und sagst dir leise vor:

Ruhig und still
geht's, wie ich will.»

«Und das soll klappen?», zweifelt die Weinbergschnecke und wiegt den Kopf.

«Wenn du es ein paar Mal probierst … Du wirst schon sehen!», antwortest du.

«Ruhig und still
geht's, wie ich will»,

murmelt die Weinbergschnecke einige Mal vor sich hin.

«Ruhig und still
geht's, wie ich will.

Einfach zu merken ist der Spruch ja», meint sie dann. «Ich will es einmal damit versuchen. Auf Wiedersehen und vielen Dank!»

Und damit kriecht sie langsam und elegant mit ihrem Häuschen davon.

Der Teppichhändler

Stell dir vor, du liegst auf deiner Wiese. Du hast die Augen geschlossen und spürst die *Ruhe* rings um dich – und in dir. Du hörst das Gras sich im Wind bewegen, hörst die Vogelstimmen ringsum ... Dein *Atem* geht ein und aus, ein und aus, ganz ruhig und gleichmäßig, ganz von allein. Mit jedem Atemzug spürst du deine *Schwere* angenehm auf dem Boden. Mit jedem Atemzug fühlst du die *Wärme* in dir ...

So sinnst du vor dich hin – da macht es plötzlich *Plumps*, und ein fliegender Teppich ist neben dir gelandet.

«Hallo», sagt ein kleines dürres Männchen mit riesigem weißem Turban und gewaltigem Bart, das vom Teppich steigt und sich nun seinen Hintern reibt. «Ich heiße Omar. Kannst du mir vielleicht weiterhelfen? Ich hab mich nämlich verflogen.»

Du wunderst dich und fragst erst mal: «Woher kommst du?»

«Ich komme aus Bagdad, der Stadt des Kalifen», antwortet Omar, «und ich möchte weiter nach Norwegen zu den Wikingern, Teppiche verkaufen. Aber irgendwie bin ich vom Kurs abgekommen. Und nun finde ich einfach nicht hin.»

«Hier bist du allerdings falsch», berichtest du dem Teppichhändler. «Du bist in Deutschland gelandet. Wenn du nach Norwegen willst, musst du immer weiter nach Norden.» Du zeigst Omar, wo das ist. «Und dann an der Küste geht die Reise über das Meer. – Du bist wohl schon lange unterwegs?», fragst du.

«Ein paar hundert Jahre bestimmt schon, weil ich mich doch so schlecht konzentrieren kann – mir tut schon der Hintern weh», seufzt Omar.

«In Norwegen sieht es inzwischen aber ganz anders aus, Wikinger gibt es dort kaum mehr», sagst du.

«Teppiche braucht man immer», meint Omar nur.

«Ich geb dir noch einen Spruch mit, damit du dich besser konzentrieren kannst», sagst du.

«Fein», antwortet er. «Wie geht der Spruch denn?»

«Konzentriert
geht's wie geschmiert»,

sagst du dem fliegenden Teppichhändler.
   «Jetzt kann ja nichts mehr
schief gehen», freut sich Omar und
setzt sich wieder für den Flug
zurecht.

«Konzentriert
geht's wie geschmiert»,

flüstert er sich ein paar Mal zur
Probe vor.

«Konzentriert
geht's wie geschmiert.

Vielen Dank und auf Wiedersehen!», ruft er noch einmal und
winkt. «Ich besuche dich auch
später auf meiner Heimreise.»
   Dann hebt der Teppich schon
ab, steigt höher und höher und
verschwindet langsam nach
Norden.

Dein Garten

Stell dir vor, du liegst auf deiner Wiese. Du hast die Augen geschlossen und spürst die *Ruhe* rings um dich – und in dir. Du hörst das Gras sich im Wind bewegen, die Vogelstimmen ringsum … Dein *Atem* geht ein und aus, ein und aus, ganz ruhig und gleichmäßig, ganz von allein. Mit jedem Atemzug spürst du deine *Schwere* angenehm auf dem Boden. Mit jedem Atemzug fühlst du die *Wärme* in dir …

So sinnst du vor dich hin – da hörst du plötzlich ein lustiges Schellen von irgendwoher. Mitten auf der Wiese glänzt in allen Farben ein Lichterbogen. Du gehst um den Bogen herum – und endlich trittst du hindurch.

Auf der anderen Seite liegt ein großer Garten. Sorgsam angelegte Blumen- und Gemüsebeete wechseln mit wilden Flecken, mit Dornenhecken und hohem Gras und einem Brennnesselfeld beim Rosentor, an dem du nun stehst.

«Wo bin ich hier nur?», fragst du laut.

«Du bist hier im Garten deiner Wünsche», scheppert eine lustige Stimme hinter dir.

Du drehst dich um: Eine Vogelscheuche mit Hut, mit bunten alten Kleidern und blitzenden Metallstreifen im Haar grinst dich an. Von ihr kommt das Scheppern, das du gehört hast. Das sind die Konservendosen, die an ihr festgemacht sind.

«Ich bin hier der Gärtner für dich», spricht die Vogelscheuche weiter. «Ich verscheuche die Krähen und Elstern, die das Obst fressen wollen, ich pflege und gieße die Beete. – Aber nun komm, ich führe dich ein wenig herum.»

Neben der schlaksigen Vogelscheuche gehst du durch den Garten. An einem sprudelnden Bächlein bleibt ihr stehen.

«Hier ist dein Hunger, dein Durst und dein Schlaf», sagt die Vogelscheuche. «Erst wenn du satt bist und ausgeschlafen hast, geht es dir gut. Wenn du müde bist, wirst du kribbelig. Wenn du nicht satt bist, wird dir unwohl. Komm, wir sorgen für deine Beete!»

Ihr gießt die Beete und Sträucher und geht dann weiter.

«Hier sind wir bei den Beeten der Menschen», sagt die Vogelscheuche. «Überleg dir mal, wen du besonders magst, von deiner

Familie, von deinen Freunden, von anderen Menschen. Und dann gieß für jeden einen Strauch, damit er gedeiht.»

Du lässt die Gießkanne plätschern – und dann geht es weiter den Weg durch den Garten. Ihr zupft hier mal ein Unkraut heraus, streicht dort über die Zweige eines Busches – und die Vogelscheuche klappert dazu mit ihren Konservendosen.

«Hier sind wir bei den Beeten deiner Hände. Für alles, was du selber tust, gibt es hier einen Strauch oder eine Blume. Für die Schule dieser Streifen dort drüben, für deine Hobbys die Sträucher hier.» Du nimmst wieder die Kanne und gießt die Beete und Sträucher, und du zupfst etwas Unkraut heraus.

«Nun hast du deinen Garten gesehen», sagt die Vogelscheuche, als ihr wieder beim Rosentor angekommen seid. «Du kannst immer wiederkommen und ihn pflegen oder auch verändern. Denk aber daran, dass es eigentlich drei Gärten sind, und arbeite ein bisschen an jedem von ihnen.»

Du gibst der Vogelscheuche die Gießkanne zurück und bekommst dafür einen ihrer blitzenden Streifen geschenkt. Dann gehst du durch das Regenbogentor und über deine weite Wiese langsam nach Hause.

Reise durch den Körper

Stell dir vor, du liegst auf deiner Wiese. Du hast die Augen geschlossen und spürst die *Ruhe* rings um dich – und in dir. Gräser hörst du im Wind sich bewegen und Vogelstimmen ringsum ... Dein *Atem* geht ein und aus, ein und aus, ganz ruhig und gleichmäßig, ganz von allein. Mit jedem Atemzug spürst du deine *Schwere* angenehm auf dem Boden. Mit jedem Atemzug fühlst du die *Wärme* in dir ...

So sinnst du vor dich hin – da hörst du ein Klingen in der Luft, und ein Lichterbogen taucht auf. Du willst schon hinübergehen, aber da leuchtet der Lichterbogen plötzlich ganz grell – und ein gläsernes Flugzeug fliegt aus ihm hervor. Es fliegt eine scharfe Kurve und landet gerade vor dir. Die Steuerkanzel geht auf, und eine Gestalt schwingt sich heraus.

«Hallo», sagt sie, «ich heiße Helmerich. Hast du Lust, eine Reise durch deinen eigenen Körper zu machen?»

«Wie soll denn das gehen?», wunderst du dich.

«Ganz einfach», antwortet Helmerich. Er zieht einen Zauberstab heraus, und *Pling*, siehst du dich plötzlich selbst auf der Wiese liegen, plötzlich bist du nun doppelt. Du staunst und steigst in das gläserne Flugzeug. Helmerich schwingt noch einmal seinen Zauberstab, und das Flugzeug schrumpft. Er gibt Gas, und ihr fliegt durch den offenen Mund in deinen Körper hinein.

Vorbei geht es an den Zähnen und durch die Speiseröhre in den Magen. Dort versprühst du ein Mittel gegen Bauchweh. Weiter geht es durch die Schlingen des Darms. Ist das ein Gekurve! Überall bringst du in Ordnung, was nicht stimmt. Du hast alles dabei, was du brauchst: Sprays und Hämmer und Zangen und Schraubenzieher und Besen und Staubsauger und Putzlumpen und Spülmittel und alle gute Medizin, die es gibt oder die du dir vorstellen kannst. Immer weiter geht es durch den Darm, wie durch einen langen, dunklen Tunnel. Aber die Lichter von Helmerich machen ihn hell.

Dann fahrt ihr hinein in die Blutgefäße. Und weiter, überallhin in deinen Körper, und überall bringst du in Ordnung, was nicht

stimmt. Fahr ein Weilchen mit Helmerich durch deinen Körper und mach alles gut …

Schließlich, als ihr überall wart und verbessert habt, was es nur zu verbessern gab, schließlich fahrt ihr wieder in den Magen und durch die Speiseröhre hinauf in den Mund und weiter ins Freie.

«Das war aber eine gute Reise», sagst du zu Helmerich, nachdem er euch wieder vergrößert hat.

«Und die kannst du auch immer selbst machen, wenn du willst, und alles verbessern, wie es dir gefällt», antwortet der, schwingt nochmals seinen Zauberstab und ist verschwunden.

Im Schlummerland

Stell dir vor, du liegst auf deiner Wiese. Du hast die Augen geschlossen und spürst die *Ruhe* rings um dich – und in dir. Du hörst das Gras sich im Wind bewegen, hörst Vogelstimmen ringsum … Dein *Atem* geht ein und aus, ein und aus, ganz ruhig und gleichmäßig, ganz von allein. Mit jedem Atemzug spürst du deine *Schwere* angenehm auf dem Boden. Mit jedem Atemzug fühlst du die *Wärme* in dir …

So sinnst du vor dich hin – da hörst du es in der Luft singen und knistern. Als du aufschaust, ist der Lichterbogen erschienen. Vorsichtig gehst du hindurch.

Auf dem Weg tauchst du auf, der neben einem Bach entlangführt. Lustig plätschert er vor sich hin, und du schreitest fröhlich aus.

Ein Schild taucht am Wegrand auf. *Schlummerdorf, 5 Tagesreisen* steht darauf, obwohl doch kaum 100 Meter dahinter die ersten Häuser erscheinen.

Über die Brücke geht es ins Dorf. Auf der Brückenmitte schaust du ins Wasser des Bachs. Pfeilschnell flitzen Forellen über den Grund. Sie haben wohl deinen Schatten gesehen und bringen sich in Sicherheit.

Dann bist du im Dorf – und wunderst dich. Still ist es, nur ein Geräusch wie von zahllosen Sägen liegt in der Luft. Aus allen Richtungen gleichzeitig scheint es zu kommen. Du schaust durch die Fenster eines Hauses: Eine Frau sitzt am Nähtisch und schläft. Du kommst auf den Marktplatz. Zwei alte Männer sitzen zusammengesunken auf der Brunnenbank und dösen vor sich hin.

Dein Blick fällt auf die Rathausuhr. Sogar die Zeiger sind stehen geblieben, sie zittern und schnarchen selig.

Schule steht an einem großen Gebäude geschrieben. Du gehst hinein. Keinen Laut hörst du, so trittst du in ein Klassenzimmer. 20 Kinder sitzen auf den Bänken, und ein Lehrer ist da. Die Kinder haben den Kopf zwischen den Händen vergraben und dösen vor sich hin. Der Lehrer lehnt an der Tafel und schnarcht. Als du die Tür schließt, fällt ihm ein Stückchen Kreide aus der Hand. Langsam, als würde es unendliche Mühe machen, zieht der Lehrer mit dem

Finger eines seiner Augenlider hoch, damit er dich betrachten kann. So steht er ein Weilchen und schaut. Dann zieht er erstaunt auch noch das andere Lid hoch und murmelt: «Interessant, ein Menschenkind. Wie kommst denn du in unsere Schlummerwelt?»

«Och, ich bin nur so auf der Durchreise», sagst du.

«Aber wenn du gerade da bist, dann kannst du mir etwas verraten», gähnt der Lehrer. «In einem meiner Bücher habe ich von euch gelesen. Ihr seid immer so *wach*. Wie macht ihr das?»

«Das weiß ich auch nicht», antwortest du. «Wir sind auch nicht *immer* wach, sondern manchmal ganz schön müde. Aber dagegen kannst du ja etwas tun.»

«Das verrate mir einmal», sagt der Lehrer, «damit wir in der Klasse endlich die Aufgabe hier zu Ende bekommen.»

Mühsam zeigt er auf die Tafel. «1 + 1 = …» steht da. Du wunderst dich. *Klasse 4a* stand an der Tür.

«Vier Schuljahre versuchen wir nun schon, diese Aufgabe zu lösen», klagt der Lehrer, «aber immer sind alle zu müde dazu.»

«Oh», sagst du und musst lachen. «Was wollt ihr denn sein, wenn nicht müde?»

«Frisch», sagt der Lehrer.

«Wach», murmelt einer der Schüler, der inzwischen auch ein Auge aufbekommen hat.

Da fallen dir die Forellen ein.

«Frisch und wach,
ein Fisch im Bach»,

rufst du. «Versucht es doch einmal mit diesem Spruch. Und stellt euch genau dabei vor, wie sich das anfühlt!»

«Frisch und wach,
ein Fisch im Bach»,

murmelt der Lehrer und runzelt die Stirn.

«Frisch und wach,
ein Fisch im Bach»,

murmeln die ersten Schüler und setzen sich auf.

«Frisch und wach,
ein Fisch im Bach»,

sagt die ganze Klasse im Chor.

«Wie in den alten Legenden!», ruft der Lehrer und hebt das Stück Kreide auf. «Da heißt es, dass eines Tages ein Menschenkind auf unsere Welt kommen wird und uns von unserer Müdigkeit befreit. Vielen Dank!»

«Aber jetzt muss ich weiter», sagst du und gehst zur Tür.

«Vielen Dank», rufen dir die Kinder nach und machen sich eifrig daran, endlich die erste Aufgabe ihres Lebens zu lösen.

«Frisch und wach,
ein Fisch im Bach»,

tönt es dir hinterher, als du über den Marktplatz gehst.

Am Marktbrunnen sitzen noch immer die beiden Männer. Aber jetzt reiben sie sich verwundert die Augen.

Der Lichterbogen ist wieder erschienen. Du trittst hindurch und bist wieder auf deiner weiten Wiese. Der Lichterbogen verschwindet. Und du gehst über deine weite Wiese langsam nach Hause.

Schlittenpost

Du gehst über deine verschneite Wiese und fühlst dich warm und gut. Schnee knirscht unter deinen Schritten. Ganz unmerklich mischt sich noch ein weiteres Geräusch hinein, ein silbernes, helles Glockengebimmel, wie aus weiter Ferne, das aber schnell näher kommt.

Du bleibst stehen, um besser hören zu können, woher das Klingen denn stammt. Einmal im Kreis drehst du dich. Ganz nah ist es schon. Dröhnen und Stampfen und Schnauben hörst du. Und da kommt ein Schlitten, gezogen von vier Rentieren, aus dem Wald hervor, fährt über die Wiese und bleibt gerade vor dir stehen.

«Hallo», ruft ein großer Mann mit weitem rotem Mantel und einem gewaltigen weißen Bart, in dem die Schneeflocken blitzen. «Dacht ich mir doch, dass ich dich hier finde. Wer ich bin, wirst du wohl wissen. Und ich habe dir etwas mitgebracht.»

Das klingt ja recht freundlich, und so gehst du näher an den Schlitten heran. Du streichst einem der Rentiere über den Kopf und schaust, was der Schlitten so alles geladen hat. Massen von Paketen sind dort gestapelt, Säcke mit Nüssen und Mandarinen, Lebkuchen und anderes Gebäck quellen aus einer Kiste. Die armen Rentiere tun dir fast Leid, so viele Geschenke müssen sie transportieren.

Der Mann springt aus dem Schlitten in den Schnee und lacht, als er deine Blicke sieht. «Nein, davon ist heute nichts für dich, diesmal habe ich dir nämlich etwas ganz Besonderes mitgebracht, und die besten und wichtigsten Dinge auf der Welt sind unsichtbar, die können nicht verpackt und nicht angefasst werden», sagt er mit dunkler Stimme.

«Was ist es denn?», fragst du neugierig.

«Jeder Mensch hat etwas in sich wie einen Edelstein», sagt der Mann. «Aus dem kommt alle Kraft, und der ist unzerstörbar, der kann durch nichts verletzt werden. Normalerweise merkst du davon gar nichts. Aber vielleicht hast du es schon einmal gespürt, vielleicht in einem Unglück, als es dir sehr schlecht ging und deine Kraft immer weniger wurde. Da zeigt er

sich dann, wenn du in dich hinein-
hörst. Da zeigt er sich, denn diese
Kraft wird nicht schwächer, wenn
es dir schlecht geht, sondern
immer stärker und stärker.»

«Ja», sagst du, «das stimmt. Das
hab ich auch schon gespürt. Aber
schenken kannst du mir das nicht,
denn du sagst ja selbst, das habe
ich schon.»

«Ja», lacht der Mann, «aber
meistens denkst du nicht dran. Zur
Erinnerung gebe ich dir nun einen
Spruch. Den kannst du dir merken
und immer daran denken, wenn
du Kraft brauchst.»

«Und wie geht der Spruch?»,
fragst du neugierig.

«Tief innen
ist alle Kraft drinnen»,

antwortet der Mann.

«Tief innen
ist alle Kraft drinnen»,

wiederholst du, um es dir besser
merken zu können. Und nochmal:

«Tief innen
ist alle Kraft drinnen.»

«Wenn du einmal Kraft brauchst,
dann sag dir diesen Spruch vor und
denke an diese Kraft tief in dir,
denn du kannst immer davon
nehmen, wenn du sie brauchst.
Und keine Angst, sie wird nie
weniger deshalb.»

Der Mann schwingt seine Hand,
und etwas wie eine Wolke von
blitzendem Schnee fällt auf dich.
Du blinzelst, und es ist wieder
verschwunden.

«Das ist ein gutes Geschenk»,
sagst du, «das muss ich daheim
sofort ausprobieren.»

«Ja», sagt der Mann. Dann
steigt er wieder auf seinen Schlitten, nimmt die Zügel des Rentier-
gespanns in die Hand und fährt los.

«Vorwärts, vorwärts», feuert er
seine Rentiere an. Die nicken dir
noch einmal zu, schütteln die
Geweihe, und ab geht die Post.

Du schaust dem Schlitten nach,
bis er im Schneegestöber zwischen
den Bäumen verschwunden ist.
Eine Weile hörst du noch das helle
Bimmeln der Schlittenglocken,
dann ist auch das in der Ferne
verklungen. Langsam gehst du
über die Wiese wieder nach Hause.

Literatur

Erkert, Andrea: *Spiele zur Sinnes-förderung.* Don Bosco, München 1999

Friebel, Volker; Andrea Erkert; Sabine Friedrich: *Kreative Ent-spannung im Kindergarten.* Lambertus, Freiburg im Breisgau 1993

Friebel, Volker: *Wie Stille zum Erlebnis wird. Sinnes- und Entspannungsübungen im Kindergarten.* Herder, Freiburg im Breisgau 1995

Friebel, Volker; Susanna zu Knyp-hausen: *Geschichten, die Kinder entspannen lassen.* Südwest, München 1995

Friebel, Volker: *Weiße Wolken, stille Reise. Ruhe und Entspannung für Kinder ab 4 Jahren. Mit vielen Geschichten, Übungen und Musik.* Ökotopia, Münster 1996. Buch mit CD

Friebel, Volker: *Mandalareisen mit Kindern. Naturmeditationen, Phantasiereisen, Wahrnehmungs-übungen.* Ökotopia, Münster 1998. Buch mit CD

Friebel, Volker: *Die innere Weite erspüren. Aus Phantasiereisen Ruhe und Kraft schöpfen.* Walter, Zürich 1998 (für Erwachsene)

Friebel, Volker; mit Musik von Jean-Pierre Garattoni: *Kinder entspan-nen mit den Gesängen der Wale. Tolle Walgeschichten für Kinder, um Ruhe zu finden.* CD mit Be-gleitheft. Trias, Stuttgart 1999

Friebel, Volker: *Innere Bilder. Imagi-native Techniken in der Psycho-therapie.* Walter, Düsseldorf 2000 (für Erwachsene)

Friebel, Volker: *Schwalbenspur. Haiku.* Wolkenpfad, Tübingen 2001

Friebel, Volker; Marianne Kunz: *Meditative Tänze mit Kindern. Mit Spielen, Geschichten, Rätseln und Liedern.* Buch und CD. Ökotopia, Münster 2000. Buch mit CD

Friebel, Volker; Marianne Kunz: *Zeiten der Ruhe, Feste der Stille. Mit Spielen, Geschichten, Liedern und Tänzen: vom Winteraustrei-ben über Ostern, das Sommerfest und Halloween bis in die Weih-nachtszeit.* Ökotopia, Münster 2002. Buch mit CD

Friedrich, Sabine; Volker Friebel: *Trau dich doch! Wie Kinder Schüchternheit und Angst über-winden.* rororo Nr. 19729, Reinbek 1996

Friedrich, Sabine; Volker Friebel: *So schläft mein Kind besser*. rororo Nr. 60981, Reinbek 2002. Buch mit CD

Hoppe, Gabriela: *Mit Kindern meditieren. Grundlagen und Anwendungen*. Don Bosco, München 1995

Klein, Jochen; Detlef Träbert: *Wenn es mit dem Lernen nicht klappt*. rororo Nr. 60963, Reinbek 2001

Klein, Margarita: *Schmetterling und Katzenpfoten. Sanfte Massagen für Babys und Kinder*. Ökotopia, Münster 1999

Kneutgen, Johannes: *Eine Musikform und ihre biologische Funktion. Über die Wirkungsweise der Wiegenlieder*. Zeitschrift für experimentelle und angewandte Psychologie, 17, 1970, S. 245–265

Langen, Dietrich: *Formen der Selbstversenkung*. Psychotherapie, Psychosomatik, medizinische Psychologie, 30, 1980, S. 139–173

Lendner-Fischer, Sylvia: *Bewegte Stille. Wie Kinder ihre Lebendigkeit ausdrücken und zur Ruhe finden*. Kösel, München 1997

Markert, Marianne: *Der Regenstab verzaubert …* Insel-Welt, Hemsbünde / Worth 1997

Maschwitz, Gerda; Rüdiger Maschwitz: *Stille-Übungen mit Kindern*. Kösel, München 1993

Müller, Else: *Du spürst unter deinen Füßen das Gras. Autogenes Training in Phantasie- und Märchenreisen. Vorlesegeschichten*. Fischer Taschenbuch, Frankfurt am Main 1983

Müller, Else: *Hilfe gegen Schulstress. Übungsanleitungen zu Autogenem Training, Atemgymnastik und Meditation. Für Kinder und Jugendliche*. rororo Nr. 17877, Reinbek 1984

Müller, Else: *Inseln der Ruhe. Ein neuer Weg zum Autogenen Training für Kinder und Erwachsene*. Kösel, München 1994

Portmann, Rosemarie; Elisabeth Schneider: *Spiele zur Entspannung und Konzentration*. Don Bosco, München 1996

Preuschoff, Gisela: *Kinder zur Stille führen. Meditative Spiele, Geschichten und Übungen*. Herder, Freiburg im Breisgau 1996

Rücker-Vogler, Ursula: *Bewegen und Entspannen. Spiele und Übungen für Kinder*. Ravensburger, Ravensburg 1994

Strohm, Tanja: *Zwergelinchen. Eine phantasievolle Reise ins Land der Entspannung. Autogenes Training für Kinder und Erwachsene*. CD und Buch. PolyGram, Hamburg 1998

Website zur Entspannung mit Kindern: www.Volker-Friebel.de

Über die Autoren

Sabine Friedrich (* 1961) ist Diplom-Psychologin. Sie arbeitet Teilzeit in einer Erziehungsberatungsstelle sowie in der Weiterbildung. Ein Sohn (* 1989) und eine Tochter (* 1992). *Kontaktadresse: Sabine Friedrich, Griesweg 17, 72160 Horb.* Hier auch Informationen zu Kursleiterseminaren der Autoren zum Thema *Entspannung für Kinder.*

Dr. Volker Friebel (* 1956) ist Diplom-Psychologe. In seinen Spezialgebieten Entspannung, Meditation und Psychosomatik bietet er Fortbildungen an und schreibt Bücher für Erwachsene und für Kinder. Bei rororo «Mit Kindern leben» erschienen: «So schläft mein Kind besser. Mit Audio-CD» (Nr. 60981), «Trau dich doch» (Nr. 19729) – beide gemeinsam mit Sabine Friedrich – sowie «Pubertät: Die eigene Kraft entdecken» (Nr. 60971), mit Marianne Kunz. Nähere Informationen sowie Materialien und Literatur auf der Website *www.Volker-Friebel.de Kontakt: Post@Volker-Friebel.de*

Die CD

Sprecherin: Marianne Kunz
Gesang: Marianne Kunz, Mathias Katz
Naturgeräusche, Instrumente, Musik und Liedtexte: Volker Friebel
Produktion: Volker Friebel für Wolkenpfad, Tübingen, www.Wolkenpfad.de